Israel A. Glück Kindheit in Lackenbach

Israel A. Glück

Kindheit in Lackenbach

Jüdische Geschichte im Burgenland

Edition Schoah & Judaica
Herausgegeben von Erhard Roy Wiehn
Hartung-Gorre Verlag Konstanz

Umschlag-Titelbild: Der Bahnhof von Lackenbach;
Rückseite: Israel A. Glück (Foto: Alisa Douer, Wien);
Herstellung: Libri Plureos GmbH, Hamburg.

Bibliografische Information Der Deutschen Nationalbibliothek
Die Deutsche Nationalbibliothek verzeichnet diese Publikation in der Deutschen Nationalbibliografie; detaillierte bibliografische Daten sind im Internet über <http://dnb.dnb.de> abrufbar.

2. Auflage 2025, 1. Aufl. 1998
Hartung-Gorre Verlag Konstanz Germany
ISBN 978-3-89649-370-5

Zum Andenken
an die ausgelöschte jüdische Gemeinde
in Lackenbach

Inhalt

Israel A. Glück

Von der Erde verschwunden

Das sogenannte "Schtetl", das jüdische Viertel in den Ortschaften Osteuropas, wurde noch während seines Bestehens wiederholt verewigt: in der Literatur, der Poesie, im Theater, im Film, sogar im Musical - wer kennt nicht "Fiedler auf dem Dach" ('Anatevka')? Obwohl der Holocaust dieser traditionellen Form jüdischen Lebens in seiner bisherigen Heimat ein jähes Ende bereitet hat, ist es in ähnlicher Form andernorts wieder auferstanden - zum Beispiel in den USA und in Israel.

Aber *das* Schtetl, von dem ich hier erzählen will, besteht nicht mehr. Es ist 1938 endgültig von der Erdoberfläche verschwunden. Jahrhundertelang blühte es im Burgenland, der östlichsten Provinz Österreichs. Die ersten jüdischen Gemeinden erstanden dort nach Vertreibung der Juden aus anderen Teilen Österreichs und Ungarns bereits im 16. Jahrhundert. Sieben davon - Eisenstadt, Deutschkreuz, Frauenkirchen, Kittsee, Kobersdorf, Lackenbach und Mattersburg - standen unter dem Schutz des Fürstenhauses Esterhazy. Sie erlangten im Laufe der Zeit weltweite Anerkennung als Zentren jüdischer Kultur. Unter dem Einfluß der berühmten deutschen Rabbiner Israel Hildesheimer und Samson Raphael Hirsch erstrebten sie weltliche Bildung, ohne jedoch ihre tiefreligiöse Lebensweise aufzugeben. Zu ihrer Blütezeit - gegen Mitte des 19. Jahrhunderts - zählten sie fast 10.000 Seelen. In Lackenbach stellten sie damals mehr als die Hälfte der Einwohnerschaft.

Obwohl das Burgenland zu Ungarn gehörte, bedienten sich die dortigen Juden der deutschen Sprache. Daher kann es nicht verwundern, daß sie 1921 dessen Angliederung an Österreich (laut Friedensvertrag von Trianon 1920) sehr begrüßten. Die schwere Wirtschaftskrise der Nachkriegsjahre zwang viele, ihr Auskommen anderwärts zu suchen. Ein Teil übersiedelte nach Wien, andere ins Ausland. Zur Zeit ihrer Vertreibung 1938 zählten sie kaum noch 4.000. Ein paar Historiker haben über sie geschrieben, es gibt auch vereinzelte persönliche Berichte, aber kein Film wurde gedreht, kein Theaterstück inszeniert. Ein kleines Museum in Eisenstadt (vgl. Y. Sher 1998, S. 133ff.), ein paar verfallene Friedhöfe - das sind heute die einzigen Zeugen dieser untergegangenen Epoche.

Was aber unterschied *dieses* Schtetl so sehr von dem Osteuropas? Warum ist es nicht wie jenes andernorts wieder auferstanden? Schwer zu sagen, doch anscheinend war die Anzahl der Überlebenden zu klein, der Schock der plötzlichen gewaltsamen Vertreibung zu groß. Obwohl ich kein Historiker bin, will ich versuchen, auf die markantesten Unterschiede hinzuweisen. Der augenfälligste war wohl die Bekleidung: Die Bewohner des osteuropäischen Schtetls kleideten sich nicht wie ihre christlichen Mitbürger. Während sich die Frauen noch ein wenig der gängigen Mode anpaßten, behielten die meisten Männer ihre traditionelle Tracht. Sie ließen ihre Bärte wachsen, trugen lange, gewickelte Seitenlocken. Ihre Umgangssprache war Jiddisch - eine Art Mittelhochdeutsch, das die Christen nicht verstanden, in ihren Schulen wurde anders unterrichtet als in den öffentlichen. Sogar innerhalb ihrer Gemeinden bildeten sie noch meistens separate 'Sekten', jede mit ihrem eigenen Bethaus, einem spirituellen Oberhaupt - oft einem 'Wunderrabbi'. Was jedoch alle vereinte, war die haßvolle Gesinnung ihrer Nachbarn, der Umgebung, der unverhohlene Antisemitismus der Landesbehörden.

Im Gegensatz zu ihren osteuropäischen Glaubensgenossen kleideten sich die burgenländischen Juden wie ihre christlichen Mitbürger, trugen dieselbe Haartracht - abgesehen von den Perücken der verheirateten Frauen. Sie sprachen nicht jiddisch sondern deutsch - meistens ein besseres als die örtliche Bevölkerung. In ihren Schulen wurde dasselbe unterrichtet wie in den öffentlichen - mit Ausnahme des Religionsunterrichts. Jede ihrer streng religiösen Gemeinden besaß nur *einen* Rabbiner und betete in *einem* gemeinsamen Gotteshaus. Der Schabbat und die jüdischen Feiertage wurden streng eingehalten - eigentlich prägten sie das Leben dieser Menschen. Obwohl Antisemitismus auch hier nicht unbekannt war, sahen sie in ihren christlichen Mitbürgern nicht Feinde. Sie betrachteten sich durchwegs als loyale Untertanen der Österreichisch-Ungarischen Monarchie, später der Republik Österreich.

Unmittelbar nach dem Anschluß Österreichs an Nazi-Deutschland wurden die Juden brutal aus ihrer Heimat vertrieben, ihre Häuser samt Inhalt, ihre Geschäfte, ihr Vieh wurden beschlagnahmt - "arisiert". Sehr bald konnte das Burgenland als "judenrein" erklärt werden, und so ist es bis zum heutigen Tag geblieben - mit ein paar unbedeutenden Ausnahmen; denn von den wenigen, die den Holocaust überlebten, kehrte niemand in seine frühere Heimat zurück. Ein Teil emigrierte nach Israel, der Rest suchte sich ein neues Exil.

Ich kann hier nur von meinen persönlichen Kindheitserinnerungen erzählen, und zwar in der jüdischen Gemeinde Lackenbach, wo ich einen wichtigen Teil meiner Kindheit verbrachte. Ich tue es, damit das wenige, was ich über dieses kleine Stück jüdischer Vergangenheit noch in Erinnerung habe, den kommenden Generationen nicht vorenthalten bleibt. Und vielleicht werden diese Geschichten andere dazu bewegen, von *ihrem* Städtchen zu erzählen.

Für die hebräischen Ausdrücke bediene ich mich der im Burgenland gebräuchlichen aschkenasischen Aussprache, nicht der heute in Israel üblichen sephardischen. So wurde dort zum Beispiel Rosch Haschaná - das jüdische Neujahrsfest - "Rescheschóne" gesprochen, Sukkót - das Laubhüttenfest - hieß "Sükkes", Chatunáh - Hochzeit - hieß "Chássene", usw.

In meinen Illustrationen versuche ich, meine Kindheitseindrücke festzuhalten. Da sich ältere Menschen viel besser an die ferne Vergangenheit erinnern als an Dinge, die sich erst vor kurzem ereigneten, ist anzunehmen, daß sie mehr oder weniger der Wirklichkeit entsprechen. Die drei Fotos wurden mir von einem ehemaligen Lackenbacher Nachbarn, Max Grünsfeld, freundlichst zur Verfügung gestellt.

Herzlija, im November 1997

Der Schulhof

Erhard Roy Wiehn

Adieu Vergangenheit

'Für kommende Generationen' - "Adieu Vergangenheit" heißt es zwar am Ende dieser "Kindheit in Lackenbach - Jüdische Geschichte im Burgenland"/Österreich, aber gerade um sie 'Für kommende Generationen' aufzubewahren (vgl. S. 80) In der Tat handelt es sich hier um ein außerordentlich lehrreiches Büchlein; denn die folgenden zehn Kapitel bieten einen wunderbaren Einblick in jüdisches Leben auf dem Lande der letzten Jahre der 'guten alten Zeit' vor Beginn der NS-Herrschaft in Deutschland, Österreich und Europa.

'Für kommende Generationen' führt in der Perspektive eines vier- bis sechsjährigen Jungen und in ebenso einfacher wie herzhafter Sprache in die jüdische Welt der Großeltern, des Schabbat und des Pessachfestes, der Hochzeit, des Neujahrfestes und Versöhnungstages, des Laubhüttenfestes sowie in andere spannende Bereiche dieser Kindheit. Alles zusammen liest sich wie ein heiter-trauriger 'Kaddisch', das jüdische Totengebet, auf ein Schtetl im Burgenland, im östlichen Österreich also.

'Für kommende Generationen' - "Diese Idylle nahm ein plötzliches, tragisches Ende mit dem Einmarsch Hitlers 1938 (in Österreich, ERW). Sämtliche Juden wurden im Lauf von wenigen Wochen aus dem Burgenland vertrieben, ihr Besitz beschlagnahmt, ihre berufliche Tätigkeit verboten. ... Wer damals nicht entkommen konnte, wurde ins Konzentrationslager deportiert und kam dort auf furchtbare Weise um" (S. 28) - so die Mutter, der Vater, die kleinere Schwester des Autors sowie viele andere Familienangehörige.

'Für kommende Generationen' erscheint als interessante Ergänzung zu 1) Albert Deutsch alias Avraham Schemueli s.A. "Novembertage 1938" in Baden bei Wien (in: E.R. Wiehn, 'Dajenu II', Konstanz 1988, S. 299-305), 2) Grete Beck-Klein 'Was sonst vergessen wird - Von Wien nach Schanghai, England und Minsk. Jüdische Schicksale 1918-1996' (Konstanz 1997), in gewisser Weise auch zu 3) Yoel Sher 'Zum Frieden unterwegs - Botschaften eines israelischen Botschafters in Österreich, der Slowakei und Slowenien 1995-1998' (Konstanz 1998). Zu danken ist einmal mehr Heide Fehringer für Text- und Korrekturarbeiten.

'Für kommende Generationen' und andere Schriften unserer Reihe werden sich erst später noch als wertvoll erweisen, wenn es keine Zeitzeugen mehr gibt. Was jedoch aufgeschrieben, veröffentlicht und in verschiedenen einschlägigen Bibliotheken der Welt aufgehoben ist, wird vielleicht nicht so schnell vergessen.

Am 9.9.1998 an Bord der 'Burgenland' der Austrian Airlines nach einem Besuch bei Überlebenden in Thessaloniki auf dem Flug nach Wien und Zürich

Israel A. Glück

Kindheit in Lackenbach

Jüdische Geschichte im Burgenland

1925 – 1931

Unser Haus

Die Großeltern

Geboren wurde ich in Wien, in der Grünentor-Gasse im IX. Bezirk. Meine Mutter - eine geborene Ullmann - stammte aus Lackenbach, mein Vater aus Ungarn, aber sein Vater kam ebenfalls in Lackenbach zur Welt. Das heißt also, daß sowohl meine beiden Großväter als auch meine Urgroßväter sowie deren Väter dort geboren wurden und aufwuchsen, auch meine Großmutter väterlicherseits. Nur meine mütterliche Großmutter stammte aus Ungarn, und zwar aus Egerszeg. Gar nicht kompliziert, nicht wahr?

Demnach kann es nicht verwundern, daß wir unseren Urlaub sowie die jüdischen Feiertage in Lackenbach verbrachten. Viel später erfuhr ich, daß es in Österreich noch weitere, kaum weniger schöne Sommerfrischen gibt, doch damals kannte ich eben nur die eine - Lackenbach. Schon als Vierjähriger freute ich mich Wochen im voraus auf die abenteuerliche Reise und die herrliche Zeit, die mich dort erwartete. Einige Tage vor der Abreise wurden die Koffer gepackt, der Proviant für die mehr als vierstündige Eisenbahnfahrt vorbereitet, meine um zwei Jahre jüngere Schwester Lia und ich am Tag der Reise entsprechend gekleidet.

Dann kam der große Augenblick: Eines schönen Morgens fuhren wir mit einem Taxi zum Südbahnhof. So eine Autofahrt war für uns ein denkwürdiges Erlebnis. Und dann erst der riesige Südbahnhof, die in Dampf gehüllte Bahnhofshalle mit den vielen Menschen, der besondere Bahnhofsgeruch - diese unbeschreibliche Mischung von Kohlenrauch, Bratwürsteln und Bier -, das alles bleibt mir unvergeßlich. Lange vor der Abfahrt saßen wir bereits im Abteil. Und als sich der Zug dann langsam in Bewegung setzte - da war ich im Siebten Himmel.

Obwohl ich sonst ein schwacher, wählerischer Esser war, bekam ich im Zug immer einen riesigen Appetit. Gespannt beobachtete ich durchs Fenster die ständig wechselnde Landschaft, während ich in einem fort kaute. Wie wünschte ich, die Reise würde niemals enden! Alles war so aufregend - die Mitreisenden, der uniformierte Kondukteur, die fremden Stationen, die schnell vorüberziehende Landschaft. Der Zug fuhr sogar durch ein Stück Ungarn, hielt eine Weile in Sopron. Ungarische Gendarmen mit komischen, spitzen Helmen bewachten den Bahnsteig, während Verkäufer den Reisenden große Krügel mit Bier durch die Fenster reichten - hier durfte man nämlich nicht aussteigen. Wenn ich dann genug vom Hinaussehen hatte, erkundete ich das Innere des Abteils und störte die Mitreisenden beim Zeitunglesen, bis es Papa zu bunt wurde. Er fuhr mich an und versetzte mir einen Klaps. Eine

Weile verblieb ich schmollend auf meinem Sitz, doch nicht lange. Dann begann es wieder von vorne.

Alles nimmt einmal ein Ende, sogar unsere Reise. Wir kamen an, der Kondukteur rief: "Lackenbach!", und wir stiegen aus. Die ganze Station bestand hier nur aus einem kleinen Häuschen, es gab nicht einmal einen Bahnsteig. Gewöhnlich erwarteten uns Tante Theres und das Dienstmädchen Mitzi. Hier gab es kein Taxi, sondern ein Fiaker brachte uns und das Gepäck ins Dorf. Einerseits wäre ich lieber im Auto gefahren, doch andererseits dauerte die Fahrt in der langsamen Kutsche bedeutend länger, was natürlich auch nicht zu verachten war. Erst ging es eine staubige Landstraße entlang, dann durch die Hauptstraße des Dorfes, zum Schluß bogen wir rechts ab in die Berggasse und waren da.

Nun kam eine lange herzliche Begrüßung. Wir wurden abgeküßt - was ich wegen der damit verbundenen Feuchtigkeit sehr verabscheute. Großpapa zwickte mich außerdem noch liebevoll in die Backe, die nachher noch tagelang schmerzte. In der Annahme, wir hätten seit Tagen nichts im Mund gehabt, servierte Großmama gleich eine ausgiebige Jause. Es gab eine Eierspeis, Butterbrote und Kaffee. Wir Kinder erhielten warmen Kakao. Alles schmeckte irgendwie ganz anders als zu Hause, rustikaler - oder bildete ich mir das nur ein?

Während Mama mit Lia beschäftigt war, gelang es mir, unbemerkt in den Hof zu entweichen. Bis Mama meine Abwesenheit bemerkt hatte und mich zurückrief, war mein schöner Matrosenanzug bereits mit Kot beschmiert, mein Knie aufgeschlagen. "Was mach ich nur mit diesem Kind?", jammerte sie händeringend. Um mich im Haus zu halten, befahl sie mir, auf Lia aufzupassen, während sie unsere Betten vorbereitete. Wieder gab es Kakao, Butterbrot mit Powidl (Pflaumenmus), dann ging es ins Bett. Doch solange draußen noch Tag war, konnte ich wegen des Lichtes nicht einschlafen, und nachher fürchtete ich die Dunkelheit. Man hatte es nicht leicht mit mir.

Ich erwachte gewöhnlich zeitlich und wollte dann nicht mehr im Bett bleiben. Das hieß, daß auch Mama aufstehen mußte, um mich aufs Töpfchen zu setzen, mich zu waschen, anzukleiden, am Spirituskocher Kakao zu wärmen. Während sie dann Lia aus dem Bett nahm, begab ich mich auf einen kleinen Entdeckungszug. Wir bewohnten das Speisezimmer, von dem man durch das Kabinett, in dem Tante Theres schlief, ins Schlafzimmer der Großeltern gelangt, die aber schon lange aus den Betten waren. Nebenan in der Küche, fachte Mitzi gerade im Herd ein Feuer an. Als mich Großmama erblickte, gab sie mir einen herzlichen Gutmorgenkuß Ich flüchtete auf den Gang, um mir mit dem Ärmel das Gesicht abwischen zu können. Der lange Gang führte von der Küche zur Hauseinfahrt. Hier traf ich Großpapa, der soeben von der Synagoge zurückkehrte - hier "die Schul" genannt: "Schon wach, mein Fredele?", zwickte er mich wieder zärtlich in die Backe. Im Hof begegnete ich Tante Theres, die gerade einen Eimer Wasser vom Brunnen ins Haus schleppte. Noch ein feuchter Kuß.

In Wien, wo wir am zweiten Stock wohnten, durfte ich natürlich nie unbegleitet die Wohnung verlassen, doch hier konnte ich nach Herzenslust im Hof und im riesigen Garten herumtoben - bloß die Straße war mir vorläufig noch verboten. In der Mitte des Hofes stand ein großer Nußbaum, in der linken Ecke befand sich der Misthaufen, in der rechten der Brunnen. Ich wartete bis jemand Wasser holen kam und den Pumpenarm betätigte. Dann hielt ich meine Hand ganz fest vor den Ausfluß, bis aus den kleinen Löchern im Rohr dünne Strahlen aufstiegen, von denen man trinken konnte. Natürlich wurde ich dabei waschelnaß. Da der Hof mit Kopfsteinen gepflastert war, kann es nicht wundern, wenn ich beim Laufen oft stolperte und mir ein Knie wundschlug - manchmal sogar beide.

Bald kam mich Mama suchen. Als sie mich sah, schlug sie die Hände über dem Kopf zusammen: "Guter Gott, wie siehst du aus?" Sie meinte natürlich mich, nicht den lieben Gott. Sie ergriff meine Hand und schleppte mich ins Haus. Nachdem ich abgetrocknet, mein blutiges Knie gereinigt und verbunden war, erschien Papa. Erschrocken blickte er auf mich, dann warf er Mama vor, sie passe nicht gut auf mich auf. Den entstehenden Wortwechsel nutzte ich, um wieder zu verschwinden. Bald entdeckte ich Lia, die unschuldig mit ihrer Puppe spielte. Als ich versuchte, sie ihr wegzunehmen, brach sie in lautes Gezetter aus. Mama und Papa waren sofort zur Stelle, ich bekam Schläge und brüllte nun mit Lia um die Wette. Unser Geschrei alarmierte Großmama, deren erprobte Wundermedizin - ein Zuckerl aus ihrer Schürzentasche - uns schnell wieder beruhigte.

Das Mittagessen wurde im Wohnzimmer eingenommen, in das man durch die Küche gelangte. Hier stand auch ein massives Sofa, das Mitzi nachts als Bett diente. Über ein paar Treppen und durch eine eiserne Tür gelangte man von hier in die "Speis" - die Vorratskammer. Wir setzten uns an den großen Tisch: am oberen Ende Großpapa, zu seiner Rechten der "Bocher" - ein armer junger Mann, der ein paarmal wöchentlich bei uns aß -, neben diesem Papa, dann ich. Mama setzte sich vorsichtshalber zwischen mich und Lia, um keinen Streit aufkommen zu lassen. Uns gegenüber saß Großmama, neben ihr Tante Theres, die einzige noch unverheiratete Schwester von Mama. Mitzi half beim Tischdecken und Zureichen; aber sie selbst aß nachher allein in der

Küche, was ich ungerecht und erniedrigend fand. Deswegen leistete ich ihr manchmal Gesellschaft.

In der Ecke stand eine Kredenz, darauf ein Wasserkrug und eine Schüssel. Da wuschen sich Großpapa, Papa und der Bocher vor dem Essen die Hände. Beim Abtrocknen sagten sie einen Segen, einen weiteren beim Anbeißen des Brotes. Ich war damals noch zu klein für dieses Zeremoniell. Zuerst gab es Hühnersuppe, die ich haßte, dann ein Stück Hendl, das ich erst anrührte, nachdem Mama sorgfältig die Haut entfernt hatte. Dazu gab es gekochte Erdäpfel - auch nichts für mich. Zum Schluß nahm ich gnädig ein wenig Zwetschgenkompott zu mir. Nach dem Essen wurde "gebenscht" - d.h. man verrichtete das Tischgebet. Die tägliche Kost war ziemlich eintönig - meistens gab es mehr oder weniger dasselbe. Außer wenn Mama uns Kindern "Faschiertes" (Hackfleisch) zubereitete - das liebten wir ungemein.

Die Erwachsenen zogen sich nach dem Essen gewöhnlich zu einem kurzen Mittagsschläfchen zurück, doch ich konnte mich nicht still verhalten. Um mich vom Haus fernzuhalten, schickte mich Mama in den Garten. Aber sie fürchtete, mich dort allein zu lassen - sie hatte ihre Gründe - und folgte mir bald mit Lia, die auch nicht allein bleiben wollte. Nachdem wir ein wenig gespielt hatten, versuchte ich, einen Baum zu erklettern. Erschrocken beschwor mich Mama, sofort herunterzukommen. Erst die Drohung, sie werde Papa holen, übte die gewünschte Wirkung aus.

Papa mußte nach einigen Tagen geschäftlich wieder nach Wien, wir Kinder blieben in Mamas Obhut zurück. Vor seiner Abreise trug uns Papa auf, dafür zu sorgen, daß sie sich gut "erhole". Natürlich verlief nicht jeder Tag ganz so stürmisch - manche dagegen noch aufregender: Als ich zum Beispiel einmal in die Klosettgrube fiel und auch nach wiederholtem Baden im Waschtrog wochenlang den Gestank nicht los wurde. Oder als ich einmal mir und Lia in beide Nasenlöcher Kukuruz stopfte und man Doktor Rudich rufen mußte. Nicht zu erwähnen, wie oft man mich mit der Leiter von einem Obstbaum herunterholen mußte. Aber im großen und ganzen war ich ein braves Kind, das seinen Eltern gelegentlich sogar Freude bereitete.

Eines Tages meinte Großmama, es wäre doch nett, wenn wir gleichaltrige Spielgefährten hätten. Kein Problem - gegenüber wohnte Familie Grünsfeld, die zufällig zwei Töchter in unserem Alter hatte, Wilma und Gina. Da sie keinen vergleichbaren Hof oder Garten besaßen, brachte man sie zusammen mit ihren Spielsachen zu uns. Der Hof und der riesige Obstgarten dienten uns als Spielplatz. Außer ein paar Dutzend Obstbäumen gab es hier noch einen großen Haselnußstrauch, ein paar Ribiselbüsche (Johannisbeeren), Brombeeren, Rosen und einen wahren Dschungel von Unkraut, meistens mannshohe Brennesseln. Man konnte meinen, dahinter verberge sich ein Dornröschenschloß, in dem eine verzauberte Prinzessin auf ihren Prinz warte - auf mich, versteht sich -, der sie eines Tages finden und wachküssen würde.

Von den Spielen der Mädchen hatte ich bald die Nase voll, daher schlug ich vor, Verstecken zu spielen. Der Vorschlag wurde einstimmig angenommen, d.h. mit meiner Stimme gegen die der drei Mädchen. Mit einem Taschentuch band ich Wilma die Augen zu, dann drehte ich sie im Kreis, bis ihr schwindlig wurde. Nun versteckten wir uns, doch da ich mich nicht auf die Mädchen verlassen wollte, steckte ich eigenhändig zuerst Gina und dann Lia in ein dichtes, stachliges Gestrüpp. Ich selbst kletterte auf einen Zwetschgenbaum. Nun befahl ich Wilma, die Binde abzunehmen und uns zu suchen. Ich hatte sie aber unterschätzt, denn gemäß der Richtung, aus der meine Stimme gekommen war, erspähte sie mich alsbald auf meinem Baum. Ein wenig beschämt kletterte ich wieder hinab.

Jetzt galt es noch, die anderen zu finden. Als es Wilma nicht glückte, half ich ihr. Aber siehe da, sogar *ich* konnte mich nicht mehr genau erinnern, wo ich die beiden vergesteckt hatte. Nach einer Weile bekamen wir es mit der Angst zu tun und riefen: Gina, Lia! Keine Antwort. Lauter jetzt: Gina, Lia!! Nichts, Stille. Wilma begann zu weinen, aber ich, der praktische Mann, begann eine systematische Suche, von Gebüsch zu Gebüsch, von Strauch zu Strauch. Nichts, keine Spur, weder von Lia noch von Gina. Schon vermeinte ich, die Ohrfeigen zu spüren, die mich mit Sicherheit erwarteten, als ich über mein Schwesterchen stolperte. Ein Steinbruch fiel mir vom Herzen. Jetzt kam auch Gina aus dem Gesträuch - sie hatten ganz einfach geschwiegen, um ihr Versteck nicht preiszugeben. Die Bilanz? Wir waren zerkratzt und voller Disteln - doch die gefürchteten Schläge blieben zum Glück diesmal aus.

Die eine Seite des Hofes nahm ein großer Holzschuppen ein, in dem das Heizholz aufbewahrt wurde. Bei Regenwetter ließ es sich hier herrlich spielen. Aus den Scheiten konnte man mit ein wenig Phantasie vieles bauen: ein Häuschen, eine Eisenbahn, ein Auto. Gewöhnlich gerieten mir dabei ein paar Späne unter die Haut, die Mama dann mit einer Nadel entfernen mußte. Hier befand sich auch ein Holzkäfig, in dem ständig zwei Stopfgänse gehalten wurden. Von Zeit zu Zeit nahm Mitzi eine heraus, legte sie sich unter die Beine und stopfte ihr Kukuruz in den Schnabel. Ich wollte wissen, ob das der Gans nicht weh tue. "Du kannst sie ja fragen", riet mir Mitzi. Wenn ich oder Lia nicht unsere Mahlzeit aufessen wollten, was die Regel war, mußte Mama bloß drohen, uns wie Gänse zu stopfen. Seither bekomme ich schon beim Anblick von Gänsefleisch eine Gänsehaut.

Im Hof trieben sich auch Katzen herum, schwarze, weiße, gefleckte. Sobald sie Großmama erblickten, liefen sie ihr miauend nach, denn sie gab ihnen immer irgendwelche Reste. Lia und ich - typische Stadtkinder - fürchteten jedes Tier. Hunde versetzen uns in Panik, Katzen liebten wir aus der Ferne - sie zu berühren hätten wir nie gewagt. Ich bewunderte Wilma und Gina, die sie furchtlos streichelten. Mich ängstigten auch Spinnen, Käfer, Würmer, Vögel - ja, sogar ein Gansflügel, wie man ihn damals zum Staubwischen benutzte, jagte mir Furcht ein. Außerdem haßte ich die Dunkelheit. Aber wirkliche Gefahren ließen mich gewöhnlich kalt. Ich muß pervers gewesen sein.

Das Haus der Großeltern war eines der wenigen stockigen im Dorf, auch eines der ältesten. Die Wände des Erdgeschosses waren meterdick, die Zimmerdecken gewölbt. Durch die Einfahrt konnte ein Pferdegespann passieren - der Holzschuppen hatte einst als Stall gedient. Doch das war schon lange her, in den guten alten Zeiten - wie Großpapa zu sagen pflegte -, als alle Kinder noch im Haus waren. Jetzt hatten drei bereits eigene Familien, Tante Esther in Rumänien, Tante Mira in Niederösterreich, meine Mama in Wien. Nur Tante Theres wartete noch auf einen "Schiddoch" - eine Partie. Onkel Gabor, der einzige Sohn, arbeitete in der Glück-Weinhandlung in Budapest. Im Herbst, nach unserer Abreise, wurde es wieder ziemlich still im Haus. Im ersten Stock wohnte damals noch der Dorfarzt, Doktor Rudich, mit seiner Familie. Wir hatten wenig Kontakt mit ihm - wenigstens solange wir gesund waren.

Von der Einfahrt führte ein langer Gang rechts zur Küche, gegenüber ging es über ein paar Stiegen hinauf auf einen zweiten Gang. Von hier gelangte man links ins Geschäft, rechts zum Klosett, geradeaus über eine Treppe ins obere Stockwerk. Weil mir strengstens verboten war, das Klosett zu betreten, zog es mich unwiderstehlich zu den beiden kleinen Zellen, deren Türen sich von innen verriegeln ließen - was mir gelegentlich nützlich sein konnte, wie ich feststellte. Der Sitz bestand aus einem Brett mit einem großen Loch in der Mitte, auf dem ein Deckel lag. Hob man diesen, dann blickte man in eine bodenlose schwarze Tiefe, die meiner Berechnung nach direkt in die Hölle führen mußte. Es roch auch demgemäß.

Um in Großpapas Lederhandlung zu gelangen, passierte man zuerst ein längliches Büro, das durch eine Glaswand vom eigentlichen Geschäft getrennt war. Es roch nach gegerbtem Leder - wie neue Schuhe. Die Kunden betraten das Geschäft von der Straße durch eine Tür, bei deren Öffnen eine laute Glocke erklang. Im Geschäft befanden sich große Stellagen für die gegerbten Kuhhäute. Darin konnte man sich ausgezeichnet verstecken. Allerdings wurden dabei meine Kleider schrecklich staubig, worüber Mama böse war. Wenn Kunden kamen - Schuster aus dem Dorf oder der Umgebung -, hielten sie sich oft zu einem längeren Plausch auf. Dabei wurde auch manchmal ein Stamperl Sliwowitz getrunken, wonach der Kunde zufrieden mit einem zusammengerollten Stück Leder unter dem Arm abzog, - doch zum Abschied zwickte er mich gewöhnlich noch in die Backe. Ich weiß bis heute nicht, welche besondere Anziehung meine Backen damals ausgeübt haben.

Großpapa

Der Schabbes

Der jüdische Schabbat - hier "Schabbes" genannt - beginnt am Freitag abend bei Sonnenuntergang und endet Samstag nacht mit dem Erscheinen der ersten drei Sterne am Himmel. Da an diesem Tag weder Feuer angefacht noch irgendwelche Arbeit verrichtet werden darf, mußte alles Nötige vorher zubereitet werden. Nach ein paar ereignislosen Tagen begannen die Vorbereitungen. Bereits am Mittwoch herrschte in Haus und Küche regere Tätigkeit, die sich am Donnerstag noch verstärkte. Im Waschtrog wurde aus Weizenmehl Teig angeknetet, zu großen "Barches" (Zopfbrote) geflochten, die man dann zum Bäcker schickte.

Aber am Freitag erreichte das "Schabbesmachen" seinen Höhepunkt. Schon frühmorgens brutzelte es in den Töpfen am Herd, Mitzi schleppte Eimer um Eimer mit Wasser vom Brunnen - hier gab es ja keinen Wasserhahn im Haus wie in der Stadt. Es wurde gefegt, gespült, gewaschen, geputzt, gebürstet, gewischt. Wir Kinder standen natürlich überall im Weg. Schickte man uns in den Garten, waren wir gleich wieder im Haus - der allgemeine Rummel zog uns an wie ein Magnet. Bis Mama auf die blendende Idee kam, uns mit einem Stückchen Schokolade zu bestechen. Das wirkte eine Weile, dann standen wir wieder im Weg - bis zur nächsten Bestechung.

Freitag mittag schloß Großpapa sein Geschäft, nahm ein Bündel frischer Wäsche und ein großes Handtuch unter den Arm und ging zur "Mikwe" - ins Ritualbad. Wir Kinder wurden zu Hause im Waschtrog gebadet, schön gekämmt und "schabbesdig" gekleidet. Mama beschwor mich jedesmal, auf meinen sauberen Schabbes-Anzug aufzupassen, doch ungeachtet meines feierlichen Versprechens und der allerbesten Vorsätze passierte mir immer irgend etwas. Wenn ich aber ausnahmsweise sauber blieb, dann sorgte sich Mama ernstlich um meine Gesundheit. In ihrem rosa Kleidchen und der großen Masche im Haar sah Lia aus wie eine Puppe.

Mittlerweile wurde im Wohnzimmer der Schabbestisch gedeckt. In die Mitte des schneeweißen Tischtuchs stellte Großmama ein Silbertablett mit den Schabbesleuchtern - ein Paar große für sie selbst, zwei kleinere für Mama. Das obere Tischende zierte ein zweites Tablett mit zwei frischgebackenen Barches, darauf ein besticktes Deckchen, daneben ein Brotmesser mit silbernem Griff. Doch am eindruckvollsten war der schwere silberne Kelch - der "Kiddesch"-Becher (Kiddusch-Becher) -, ein altes Familienstück, das Großpapa noch von seinem Großvater geerbt hatte.

Habe ich schon erwähnt, daß Lackenbach erst in den zwanziger Jahren ans elektrische Netz angeschlossen wurde? Also zur Beleuchtung benutzte man bis dahin Petroleumlampen, die man abendlich anzündete und vor dem Schlafengehen auslöschte. Doch da am Schabbes die Lampen weder angezündet noch gelöscht werden durften, gingen sie aus, wenn das Petroleum zu Ende war - was schrecklich stank. Oder sie wurden von Mitzi gelöscht - als Christin war ihr das erlaubt.

Die Frauen hatten sich für Schabbes schöngemacht. Großmama trug ein glänzendes schwarzes Kleid mit einem weißen Spitzenkragen, auf ihrer Perücke - den "Scheitel" - trug sie ein rundes, gesticktes Deckchen. Mama hatte ein dunkelblaues Seidenkleid angezogen mit weißem Kragen und ebensolchen Manschetten. Tante Theres erschien in einem ziemlich eng anliegenden braunen Kleid. Sie trug kein Scheitel, da sie noch unverheiratet war. Auch Mitzi erschien heute in einem sauberen Kleid, einer frischen Schürze und mit hochgesteckten Zöpfen. Großpapa hatte noch am Nachmittag seinen Spitzbart gestutzt und sich einen goldenen Zwicker auf die Nase geklemmt. Zu seinem dunkelgrauen Anzug trug er einen gestärkten Kragen mit schwarzer Halsbinde. Statt der wochentägigen Schildmütze hatte er heute einen schwarzen Hut auf.

Jetzt kam die Zeit des "Lichtbenschens". Die Kerzen steckten schon wartend in den Leuchtern. Großmama entzündete die ihren, schloß die Augen, bewegte beide Hände darüber, während sie den Segen sprach. Nun wiederholte Mama dieselbe Prozedur. Man wünschte einander "Gut Schabbes!", wir Kinder wurden abgeküßt - in der Küche bekam ich sogar einen Kuß von Mitzi. Großpapa schickte sich an, zur "Schul" (Synagoge) zu gehen, ich wollte mit, aber da es draußen regnerisch aussah, war Mama dagegen. Großmama nahm ihr Gebetbuch zur Hand und begann zu beten. Tante Theres und Mitzi waren noch in der Küche beschäftigt, Mama leistete mir und Lia Gesellschaft. Sie erzählte uns Schabbat-Geschichten, die ich aber zumeist schon kannte. Ich wurde unruhig und versuchte Fliegen zu fangen. Die Speisegerüche aus der Küche regten meinen Appetit an, doch Mama erklärte kategorisch, vor dem "Kiddesch" (Segensspruch) dürfe nicht gegessen werden. Lia fielen schon die Augen zu - Mama brachte sie zu Bett.

Endlich kam Großpapa von der Schul nach Hause. "Gut Schabbes, gut Schabbes!", wünschte er allerseits. Man setzte sich zu Tisch, Großpapa begrüßte den Schabbat mit Gesang und einem längeren Gebet. Tante Theres stellte eine Flasche Wein auf den Tisch, Großpapa füllte den schönen Becher, hielt ihn hoch und stimmte den Kiddesch an - den Segen auf den Wein. Als er geendet hatte, sagten alle laut "Amen!" Großpapa trank zuerst ein paar

Schluck, dann reichte er den Becher herum. Zum Schluß kostete auch ich davon - es schmeckte nicht schlecht. Nun goß man aus dem Krug Wasser über die Hände, Großpapa sagte einen Segen über die beiden "Bar-ches" (Zopfbrote), schnitt ein Stück ab, tunkte es ins Salzfaß und führte es zum Mund. Dann reichte er jedem ein Stück. Wie liebte ich frische, knusprige Barches!

Jetzt wurde der gesulzte Karpfen (in Sülze) serviert. Da Fischgräten gefährlich sein können, zerstückelte Mama meine Portion in einzelne Moleküle, bevor ich sie essen durfte. Danach gab es Fleischsuppe mit Nudeln, Geflügel- oder Rindfleisch mit Erdäpfeln und Gurkensalat, dazu trank man Sodawasser aus einer großen Spritzflasche. Der Nachtisch bestand aus Kompott und Honigbusserln - ein süßes Gebäck. Nun wurde "Semires" gesungen - frohe, gereimte Schabbatlieder. Das gemeinsam gesungene Tischgebet beendete die feierliche Mahlzeit.

Am Schabbatmorgen schlief man ein wenig länger. Wir Kinder erhielten zwar unseren lauwarmen Kakao zur gewohnten Zeit aus einer Thermosflasche, doch Frühstück gab es erst später, nämlich wenn Großpapa nach dem Morgengebet von der Schul kam. Wieder machte er Kiddesch, doch heute gab es danach frischen Mohnkuchen, den ich leidenschaftlich gerne aß. Nachher kehrte Großpapa zur Schul zurück, diesmal in Begleitung von Großmama und mir. In meinem schönen Anzug, die Matrosenmütze keck auf dem Kopf, spazierte ich zwischen den beiden über die staubige Straße zur Schul.

Vom breiten Eingang führten ein paar Stiegen hinunter in einen großen Vorraum. Von diesem ging links eine Treppe hinauf in die Frauenabteilung, rechts betrat man durch ein Portal die Männerschul. Der Geruch ausgebrannter Wachskerzen vom Vorabend erfüllte noch die Luft. Der riesige Saal mit der gewölbten Decke, die Fenster aus buntem Glas, der kunstvoll geschnitzte heilige Schrein mit den Thorarollen, darüber die beiden Steintafeln mit den zehn Geboten, all dies erfüllte mich mit tiefer Ehrfurcht. Ich saß neben Großpapa, lauschte andächtig dem Gesang des Kantors und dem lauten Beten der Gemeinde. Mein Blick konnte sich nicht sattsehen an den Wandmalereien mit dem Auszug aus Ägypten sowie anderen biblischen Szenen. Von der Decke hingen an dicken Ketten schwere Kupferleuchter. Alles war so feierlich, so außerirdisch. So ungefähr muß es im Himmel aussehen - stellte ich mir vor.

Aber ich war ja ein Kind, ein lebhaftes noch dazu. Bald konnte ich nicht mehr stillsitzen, wollte hinauf zu Großmama, mit den anderen Kindern spielen. Als meine Unruhe Großpapa auf die Nerven zu gehen begann, bat er einen größeren Jungen, mich zu Großmama zu geleiten. Bei den Frauen duftete es fein nach Kölnischwasser. Großmama saß ganz weit vorne. Da sie sehr andächtig betete, konnte sie nicht mit mir reden. Aber hier hatte ich reichlich

Gesellschaft, auch Kinder in meinem Alter. Als unser Umherlaufen zwischen den Bänken den Damen zuviel wurde, sie beim Beten und Plauschen zu stören begann, schickte man uns zu den anderen Kindern in den Schulhof. Hier konnten wir uns nach Herzenslust austoben und Lärm machen. Ich fiel ein paarmal hin, beschmutzte natürlich meinen Anzug, verlor die schöne Mütze, vergnügte mich aber sonst ganz ausgezeichnet.

Der Gottesdienst war zu Ende, die Menschen strömten aus dem Gebäude. Als Großmama mich erblickte, hielt sie sich vor Schrecken die Hand vor die Augen. Großpapa schüttelte bloß streng seinen Finger. Nachdem wir meine Mütze gefunden hatten - sie sah schrecklich aus - trippelte ich ängstlich zwischen den beiden nach Hause. Mamas Reaktion auf mein Aussehen war ja vorauszusehen. Lia spielte brav am Gang, ihr Kleidchen war noch ganz sauber - sie war eben ein Musterkind. Da sich Mitzi soeben anschickte, das "Scholet" (Schalet) zu holen - das traditionelle Bohnengericht mit Fleisch und allen möglichen Zutaten - durfte ich sie begleiten. Zufrieden nahm ich ihre Hand, und wir zogen los. Die Scholettöpfe der ganzen Gemeinde befanden sich seit gestern im Scholetofen in der Schule. Nachdem Mitzi den unseren gefunden hatte, wickelte sie ihn in ein Tuch und stellte ihn in die große Tasche. Stolz half ich ihr beim Tragen.

Wieder wusch man sich die Hände, sprach den Segen über zwei Barches. Nun schenkte Großmama jedem einen Schöpflöffel vom heißen, dampfenden Scholet in den Teller. Mama nahm ein wenig auf einen Löffel, blies lange darauf, um es für mich abzukühlen. Es schmeckte gut. Danach gab es kaltes, gebratenes Gänsefleisch mit Salat, eingemachte Gurken und zum Nachtisch Zwetschgenkompott. Wieder wurde Semires gesungen, das gemeinsame Tischgebet verrichtet, und man verließ die Tafel.

Nach dem ausgiebigen Schabbesessen mußte unbedingt geruht werden. Daher zogen sich alle zu einem ausgiebigen Mittagsschläfchen zurück - alle außer mir. Was konnte ich nun bloß anfangen? Meine Bilderbücher kannte ich bereits auswendig; aus purer Langeweile versuchte ich, Fliegen zu fangen, gab es aber bald auf. Die Ruhe war unerträglich. Das Summen einer Wespe war der einzige Laut im Haus - abgesehen vom Schnarchen der Schlafenden. Es war zum Verzweifeln, die Zeit schien stillzustehen. Vergeblich versuchte ich einzuschlafen. Ich wollte hinaus auf den Gang, konnte aber die Tür nicht öffnen. Mitzi fehlte mir jetzt sehr, aber sie hatte Ausgang bis nachts. Zum Schluß hielt ich es nicht mehr aus und weckte Mama. Sie war gar nicht erfreut.

Nach dem Mittagsschläfchen zog man sich fein an und ging spazieren. Das halbe Dorf war jetzt draußen. Man wünschte einander "Gut Schabbes!", wechselte ein paar höfliche Worte und spazierte gemächlich weiter. Eine Weile marschierte ich brav zwischen Mama und Tante Theres, doch als sie Bekannten begegneten und sich mit ihnen zu unterhalten begannen, machte ich mich selbständig, lief wie ein Hündchen hin und her. Nur als ich mit ein paar bekannten Kindern spielen wollte, packte Mama vorsichtshalber meine Hand und ließ sie nicht wieder los - ich könnte mich ja wieder beschmutzen.

Großpapa war mittlerweile zu "Minche" gegangen - zum Nachmittagsgebet. Als er wieder heimkam, setzte man sich zu Tisch, zum dritten und letzten Schabbatmahl - dem "Schalschüdes". Man wusch sich die Hände, es gab Barches, ein Stück gesulzten Fisch vom Vorabend, lauwarmen Tee, Kuchen. Nachdem man Semires gesungen und das Tischgebet verrichtet hatte, kehrte Großpapa zur Schul zurück - zum Abendgebet. Mittlerweile hatte es zu dämmern begonnen. Im Haus wurde es ganz dunkel, denn vor Schabbatausgang durfte kein Licht angezündet werden. Ich haßte die Dunkelheit und sekkierte (belästigte) Mama in einem fort.

Endlich kam Großpapa vom Schul nach Hause: "Gut Woch, gut Woch!", grüßte er laut schon beim Hereinkommen. Tante Theres hatte alles erforderliche zur "Awdole" vorbereitet: den mit Wein gefüllten Kiddeschbecher, die Awdole - eine bunte geflochtene Kerze -, die "Bsomimbüchse" (Besamim) - ein kleines silbernes Türmchen, gefüllt mit duftenden Nelken. Großpapa entzündete die Awdole und gab sie mir zu halten. Als Jüngster im Haus - Lia zählte da noch nicht - stand mir diese Ehre zu, doch vorsichtshalber hielt auch Mama meine Hand. Großpapa hob den Becher und zitierte laut das Gebet. Er roch an der Bsomimbüchse und reichte sie auch den anderen zum Riechen. Zum Schluß trank er vom Wein, goß ein wenig in die Untertasse und löschte darin die Flamme. Als Mann durfte auch ich einen Schluck trinken - Frauen hüteten sich davor, denn Awdolewein fördert angeblich den Bartwuchs. Zum Schluß tauchte jeder einen Finger in die Untertasse, benetzte sich die Stirne mit ein paar Tropfen Wein zur Stärkung des Verstandes, befeuchtete damit auch die Taschen - für gute Einnahmen im Laufe der Woche. Der Schabbes war aus, man wünschte einander "A gute Woch!", ich bekam ein paar feuchte Küsse und wurde in die Backe gezwickt. Im ganzen Haus erstrahlten wieder die Lampen, doch mir fielen die Augen zu. Willig ließ ich mich von Mama zu Bett bringen. Eine neue Woche hatte begonnen.

Der Schulhof

Unsere Gasse, die Berggasse, war nicht gepflastert. Bei trockenem Wetter wirbelte jedes passierende Fahrzeug eine Staubwolke auf, nach dem leichtesten Regen versank man dagegen bis zu den Knöcheln im Schlamm. Die Straße entlang zog sich ein tiefer Graben, in den verschiedene Abflüsse einmündeten. Nach mehreren Tagen trockenen Wetters begann sich ein übler Geruch bemerkbar zu machen, der aber mit dem ersten Regen wieder verschwand. Frühmorgens wurden die Schweine des Dorfes - des nichtjüdischen Teils, versteht sich - durch unsere Gasse auf die Weide getrieben und besagter Graben übte auf sie eine unwiderstehliche Anziehung aus. Vor Vergnügen grunzend, wälzten sie sich darin, bis sie der Schweinehirt mit dem Stock wieder heraustrieb. Abends, auf dem Heimweg, wiederholte sich dasselbe Schauspiel.

Vom Dorfplatz bis zu unserem Haus bewegte sich der Verkehr - ein paar Ochsenkarren, ein gelegentliches Pferdegespann -, links von besagtem Graben, passierte vor unserem Haus eine breite Brücke und setzte sich dann rechts des Grabens bergauf fort, den Feldern zu. Ich nehme an, unsere Gasse verdankt ihren Namen dieser Steigung - nicht etwa dem Komponisten Alban Berg. Über die Brücke gelangte man auch in den "Schulhof" - ein größerer Platz, in dessen Ecke die Synagoge stand - die sog. Schul. Warum hieß sie Schul? Ganz einfach - weil dort die heiligen Schriften gelehrt wurden.

Mitten im Schulhof befand sich ein tiefer Brunnen, dem wir Kinder nicht nahetreten durften, um - Gott behüte - nicht hineinzufallen. Zwar war er von einem brusthohen Geländer umgeben, doch wer weiß, wozu übermütige Kinder fähig sind? Mittels einer Kurbel ließ man den an einer langen Kette befestigten Eimer hinunter und zog ihn mit Wasser gefüllt wieder hoch. Die Einwohner der gesamten Nachbarschaft schöpften hier ihr Wasser. Natürlich durfte man es dabei mit der Sauberkeit nicht allzu genaunehmen - ein verwelktes Blatt, ein totes Insekt, mußten ab und zu schon in Kauf genommen werden. Dagegen enthielt es garantiert weder giftige industrielle Abwässer noch krebserregende Schadstoffe, wie das "reine" Trinkwasser so mancher modernen Großstadt. Ich glaube nicht, daß irgend jemand im Dorf das Wasser vor dem Trinken kochte. Meine Großeltern waren noch besser dran - sie hatten ihren privaten Brunnen.

Doch nun zu der für uns Kinder interessanteren Funktion des Schulhofs - er war ein idealer Spielplatz, genauer gesagt ein Fußballplatz. Hier verkehrten keine Fahrzeuge, der Boden war verhältnismäßig eben und festgetreten. Kein

Wunder also, daß die jüdischen Kinder den Großteil ihrer Freizeit hier verbrachten. Als kleines Kind durfte ich nur in unserem Garten spielen, doch als ich ein wenig größer war, zog es auch mich unwiderstehlich hierher, zu den anderen Buben. Nur, während die anderen Kinder im Sommer barfuß herumliefen, mußte ich zartes Stadtkind immer Schuhe tragen, was in mir schwere Minderwertigkeitsgefühle erregte.

Sobald sich mindestens ein Dutzend Kinder versammelt hatten, konnte ein Match veranstaltet werden. Unser unbestrittener Anführer hieß Siegel; er war ein paar Jahre älter als ich, breitschultrig, sein Haar war feuerrot und sein Gesicht dicht mit Sommersprossen bedeckt. Er hieß uns in einer Reihe aufstellen, ein Kapitän für die zweite Mannschaft wurde ernannt - die erste leitete natürlich Siegel - und die beiden wählten ihre nun Mannschaften.

Zu meiner Schande sei es gesagt, daß ich zu den schlechteren Spielern zählte. Darum blieb ich oft als letzter übrig, was bei einer ungeraden Teilnehmerzahl besonders peinlich war. Denn dann erhielt nämlich eine Mannschaft anstelle eines guten Spielers zwei schlechte, und einer davon war gewöhnlich ich - sozusagen eine halbe Person. Das wurmte mich ungemein und ganz besonders, weil ich auf den meisten anderen Gebieten meinen Altersgenossen überlegen war.

Ein großer Stein, ein alter Topf, ein Bündel Kleidungsstücke, markierten die beiden Tore, der Kapitän bestimmte den Torhüter und die Funktionen der übrigen Spieler - ich wurde gewöhnlich Verteidiger. Nachdem die beiden Kapitäne den ersten Ball verlost hatten, ging das Spiel los. Natürlich besaßen wir keinen richtigen Fußball, sondern mußten uns mit einem alten, abgewetzten Gummiball begnügen. Doch wen störte das schon.

Man kämpfte mit einer Verbissenheit, die der mancher Liga heute Ehre gemacht hätte. Gelegentlich gab es hitzige Meinungsverschiedenheiten, die sogar in Schlägereien ausarteten. Dann mußte Siegel auch die Rolle eines Schiedsrichters übernehmen, die raufenden Parteien trennen und beschwichtigen. Da keiner von uns eine Uhr besaß, spielten wir einfach solange, bis die Mütter ihre Kinder zum Essen riefen. Verschwitzt und schmutzig kam ich dann nach Hause - gewöhnlich auch noch mit einem aufgeschlagenen Knie. Kein Wunder, wenn Mama über mein Aussehen entsetzt war.

War im Schulhof gerade nichts los, dann rannte ich mit meinem geliebten Holzreifen durch das Dorf. Mit einem kleinen Stock lenkte ich ihn geschickt im Laufen. Mit halsbrecherischer Geschwindigkeit nahm ich die schärfsten Kurven, überwand die schwierigsten Hindernisse, passierte geschickt durch enge Durchfahrten, als fahre ich ein rassiges Motorrad. Zur Verstärkung des Eindrucks gab ich noch während der Fahrt die entsprechenden Geräusche von mir. So jagte ich nun mit Motorengebrumm oder laut aufheulend - wie beim plötzlichen Gasgeben - durch das Dorf, verscheuchte die Hühner erschreckt gackernd in alle Richtungen. Ältere Leute gingen mir vorsichtshalber rechtzeitig aus dem Weg. Nur wenn ich einen Hund erspähte, verlangsamte ich respektvoll mein Tempo und machte einen großen Bogen um das Tier, das mich aber meistens total ignorierte.

Hinter der Schul gelangte man vom Schulhof durch eine schmales Gäßchen zum Haus des Rabbiners. Wir waren mit Rabbiner Kraus verwandt, denn sein Sohn Moische hatte meine Tante Esther geheiratet. Da er ein Kohen war - also dem Geschlecht der einstigen Priester angehörte - brachte man Lia und mich jeden Freitag nachmittag zu ihm. Er hielt seine Hände über unsere Köpfe und segnete uns. Nachher küßten wir ihm die Hand. Mit seinem langen weißen Bart, in seinem bis zur Decke mit Büchern gefüllten Studierzimmer, war er für mich das Inbild eines heiligen Mannes. Als ich älter war, erzählte mir Großpapa, daß noch vor Rabbiner Kraus die Ullmann-Familie die örtliche Rabbinerdynastie gebildet hatte, angefangen mit dem berühmten Reb Scholem Charif - der Scharfsinnige. Das erfüllte mich mit Stolz auf meine Abkunft und kompensierte ein wenig für mein klägliches Versagen beim Fußballspielen.

Rechts vom Schulhof führte ein breiter Durchgang auf einen weiteren Platz. Hier stand das "Chewrehaus", ein stattliches Gebäude, in dem Versammlungen gehalten, Talmud gelehrt, Hochzeiten gefeiert wurden. Außerdem befand sich hier die Schule - die richtige. In dieser war auch der Scholetofen untergebracht. Dieser Platz war meistens verlassen, abgesehen von einzelnen Hühnern, die gemächlich im Sand nach Würmern suchten. Ein halbes Dutzend Katzen sowie ein zottiger, betagter Bernhardiner, der fast ständig schlief, vervollständigten das Bild.

So sah an einem Wochentag das Zentrum Lackenbachs aus - bei trockenem Wetter. Sollte es aber regnen, dann sah man hier keine lebende Seele - sogar die Tiere suchten sich einen Unterschlupf. Wer nicht unbedingt hinaus mußte, blieb zu Hause. Aus Langeweile sekkierte ich dann Mama, die ohnehin die Hände voll hatte mit dem neugeborenen Baby - meinem Brüderchen Maxi -, oder ich störte Mitzi bei der Arbeit. Um mich zu beschäftigen, gab mir Mama irgendein Bilderbuch, das ich aber gewöhnlich im Nu ausgelesen hatte.

Doch eines Tages entdeckte ich eine Tätigkeit, die mich richtig fesselte, nämlich das Zeichnen. Anscheinend hatte ich Talent dazu, denn die Erwachsenen bewunderten mein Gekritzel. Mama war überglücklich, mich beschäftigt zu sehen und somit ein wenig Ruhe zu haben. Von nun an sorgte sie dafür, daß mir immer Zeichenpapier und ein Bleistift zur Verfügung standen.

Mit zunehmendem Alter wurde auch ich selbständiger, wagte mich sogar gelegentlich bis auf die Hauptstraße. Hier passierte manchmal ein Auto, ein Ereignis, das sämtliche Kinder und auch so manchen Erwachsenen auf die Straße lockte. Die Kinder liefen dem Fahrzeug nach - beim damaligen Fahrtempo keine große Kunst. Mich, den blasierten Großstädter, ließ soetwas natürlich kalt. Ein dahinkriechender Ochsenkarren dagegen zog mich unwiderstehlich an. Mit den anderen Kinder versuchte ich, mich hinten anzuhängen, um ein Stück mitzufahren - bis uns der Bauer entdeckte und verjagte.

Was mich jedoch immer am meisten beeindruckte, das war die vorübereilende herrschaftliche Kutsche vom Schloß Esterhazy. Die feurigen, prächtig aufgeputzten Pferde, die elegante Karosse, der livrierte Kutscher mit seiner geflochtenen Peitsche - das erregte meine Phantasie. Wie alles, was mich beeindruckte, versuchte ich auch dieses Erlebnis nachher zu Papier zu bringen. Es bedurfte mehrerer Versuche, bis mich das Resultat einigermaßen befriedigte, doch ich hatte ja genügend Zeit, und an Geduld fehlte es mir auch nicht.

Die technischen Fortschritte des 20. Jahrhunderts gelangten mit einiger Verspätung auch nach Lackenbach, aber eines Tages war es soweit: Im Haus der Großeltern erstrahlte elektrisches Licht - ein unglaubliches Wunder der Technik. In den kupfernen Leuchtern strahlten jetzt helle Glühbirnen statt der trüben, rußigen Petroleumlampen. Schluß mit dem Gestank, dem ständigen Suchen nach Streichhölzern, dem täglichen Putzen der verrußten Glaszylinder. Eine Drehung des Schalters, und augenblicklich wurde es hell in Haus und Geschäft. Alles war jedes Mal von neuem entzückt - nur mir erschien diese Begeisterung stark übertrieben. Als Stadtkind war mir elektrisches Licht natürlich eine Selbstverständlichkeit, über die ich überhaupt nicht mehr nachdachte.

Nach jahrelangem Warten war jetzt Tante Theres endlich verheiratet - sie und ihr Mann, Onkel Bennö, bewohnten das Kabinett. Onkel Bennö half Großpapa tagsüber im Geschäft, Tante Theres betätigte sich weiter im Haushalt, doch es ging nun im Haus ein wenig lebhafter zu. Da Onkel Bennö als ehemaliger Talmudstudent mit den Vorschriften der Religion bestens vertraut war, wandte ich mich nun an ihn, wenn mir auf diesem Gebiet etwas unklar war.

Mittlerweile hatte ich gelernt, hebräische Buchstaben zu lesen, wenn auch noch ein wenig langsam. Jeden Abend begleitete ich Großpapa zur Schul und betete neben ihm brav aus meinem Gebetbuch. Jetzt durfte ich nicht mehr ohne Mütze gehen und trug ständig ein "Leibzidakel" - ein Leibchen, an dessen vier Enden "Schaufäden", sog. "Zizit", befestigt waren. Wie die Erwachsenen, wusch ich mir vor den Mahlzeiten die Hände, sagte den Segen, auch über das

Brot. Diese kurzen Sprüche kannte ich bald auswendig. Auch das Tischgebet nach dem Essen verrichtete ich nun mit den anderen - wenigstens den ersten Teil; das ganze Gebet war mir noch zu lang.

Onkel Bennö meinte, ich sei schon zu erwachsen, um noch mit Mädchen zu spielen. In der jüdischen Schule, die ich in Wien besuchte, lernten Buben und Mädchen getrennt, doch ich genoß weiter die Gesellschaft von Wilma und Gina. Überhaupt spielte ich lieber mit Mädchen, denn sie unterwarfen sich im allgemeinen williger meiner Autorität als Buben, die sich nichts von mir sagen ließen, sondern mir ständig widersprachen.

Im Laufe der Zeit hatte ich in Lackenbach zahlreiche Freunde gewonnen: die Brüder Löbl, Mati Taube, Sami Wieselmann, Joszi Löffler und noch andere. Besonders mit Romi und Harry Löbl verband mich eine enge, wenn auch nicht ganz selbstlose Freundschaft. Ihrem Vater, Jakob Löbl, gehörte nämlich das einzige Spezereigeschäft im Dorf. Hier duftete es wie im Paradies nach den herrlichsten Leckerbissen wie etwa gedörrte Zwetschgen, Datteln, Feigen, Mandeln, Rosinen, Schantinüsse. Doch was ich am meisten begehrte, waren "Boxer" - eine dunkelbraune, getrocknete Frucht, mit deren schwarzen, glatten Kernen man um die Wette spucken konnte.

Romi und Harry waren willige Zuhörer. Auf ein paar halbvollen Säcken sitzend, ununterbrochen naschend, erzählte ich ihnen von den Wundern der Großstadt: mehrstöckigen Häusern, Geklingel der Straßenbahn, Hupen der Autos, vom unterhaltsamen Wurstelprater mit dem hohen Riesenrad, vom riesigen Südbahnhof, der breiten Donau. Natürlich schnitt ich dabei gehörig auf, um alles noch eindrucksvoller erscheinen zu lassen. In vollen Zügen genoß ich das besondere Ansehen, das mir als Sohn der Stadt hier zuteil wurde. Meinen Dorffreunden, die noch nie eine Großstadt besucht hatten, erschien Wien wie ein fremder, wunderbarer Planet.

Es gab aber noch ein Lokal, in dem ich ein willkommener Gast war, nämlich der Kurzwarenladen der Familie Austerlitz. Wenn man die Tür zu ihrem Laden öffnete, ertönte eine Glocke. Die Vielfalt der Waren war überwältigend, es gab hier einfach alles: Geschirr, Spielzeug, Süßigkeiten, Schreibwaren, Knöpfe, Stopfgarn, Nadeln und so weiter und so fort. Die kleine Jenni Beer, eine Schwester meiner Großmutter väterlicherseits, küßte mich jedesmal ab, bis mein Gesicht ganz naß war, doch ich schämte mich, es in ihrer Anwesenheit abzuwischen. Nachher stopfte sie mir Zuckerln in die Taschen - sozusagen als Entschädigung. Tante Paula, ihre Tochter, war ebenfalls klein von Wuchs, auch deren Sohn Max. Nur Onkel Julius, Tante Paulas Mann, war ungefähr normal groß. Er trug einen kleinen grauen Spitzbart und war ein besonders frommer Mann. Erst vor kurzem erfuhr ich, daß auch der berühmte amerikanische Tänzer Fred Astair angeblich früher Austerlitz geheißen hat und aus dem Burgenland stammte. Leider konnte ich mit dem besten Willen keine Ähnlichkeit zwischen ihm und meinen Verwandten feststellen - ganz abgesehen vom Tanzen.

Natürlich verließ ich dieses Eldorado niemals mit leeren Händen. Ganz besonders schätzte ich die Buntstifte und sonstiges Zubehör für meine künstlerische Tätigkeit, die es hier gab. Aber auch die reiche Auswahl von Süßigkeiten war nicht zu verachten, obwohl sie mir den Appetit verdarben und ich dann zu Hause nicht essen wollte. Wer hätte da nicht ein paar feuchte Küsse gerne in Kauf genommen?

Ganz in der Nähe befand sich noch ein sehr interessanter Betrieb, den ich oft besuchte, nämlich die Druckerei Kraus - übrigens kein Verwandter unseres Rabbiners. In einem großen Raum standen ein paar komplizierte Maschinen - Mechanik hatte mich schon seit meiner frühesten Kindheit fasziniert. Gespannt beobachtete ich, wie Herr Kraus druckte. Er bewegte sich wie ein Automat: Mit seiner rechten Hand nahm er von einem Stapel ein Blatt Papier, legte es in die sich schließende Druckpresse. Sobald sie sich wieder öffnete, entfernte er mit der Linken das frisch bedruckte Papier, während seine Rechte ein neues Blatt einlegte, - rechts - links - rechts - links. Unterdessen betätigte er mit dem rechten Fuß ein Pedal, das mittels eines großen Schwungrads den Mechanismus in Bewegung hielt. Das bloße Zusehen beanspruchte meine volle Aufmerksamkeit, aber Herr Kraus konnte sich während der Arbeit noch mühelos unterhalten. In meinen Augen war er ein Akrobat wie im Zirkus. Auch hier ging ich niemals leer aus: Zum Abschied erhielt ich gewöhnlich einen Stoß bunter Papierstreifen, die ich dann zu Hause mit meiner Kunst bedeckte.

Ungefähr zur selben Zeit entdeckte ich meine tiefe Zuneigung zum Dienstmädchen Mitzi. Natürlich durfte das niemand erfahren - am wenigsten sie. Denn erstens war Mitzi uralt - sie war vielleicht schon achtzehn - und zweitens war sie Christin. Ich bewunderte ihre blonden Zöpfe, die roten Backen, ihre Stimme, wenn sie bei der Arbeit sang. Ihre starken weißen Arme waren in einem fort tätig, schleppten Wasser oder hackten Kleinholz. Ab und zu - wenn uns niemand beobachtete - küßte sie mich auf die Stirne. Samstag nachmittag hatte sie gewöhnlich Ausgang. Dann warteten in der Einfahrt schon ein paar Bauernburschen, die mir zum Zeitvertreib Witze erzählten oder ein paar Zaubertricks zeigten. Sie konnten mich aber nicht zum Lachen bringen - so eifersüchtig war ich. Als Mitzi dann herauskam, frisch gewaschen und frisiert, in einem bunten Dirndl, hätte ich sie mit meinen Blicken verschlingen können. Wütend bemerkte ich, daß auch meine Nebenbuhler ihre geilen Augen nicht von ihr lassen konnten. Jawohl, ich muß es gestehen - Mitzi war meine erste große Liebe.

Mitzi

Die Sparkasse

Nachdem Onkel Gabor das Studium an der Handelsschule beendet hatte, arbeitete er eine Zeitlang als Buchhalter in der Weinhandlung meines Großvaters in Budapest. Dort verliebte er sich in seine um acht Jahre jüngere Cousine Irenke - eine Nichte von Großmama. Nach dem Zusammenbruch der Weinhandlung heirateten sie und zogen nach Lackenbach ins Haus der Großeltern. Im Oberstock - wo vorher Dr. Rudich gewohnt hatte - richteten sie sich eine herrliche Wohnung ein mit eleganten Möbeln, schönen Teppichen, einer Vitrine mit zierlichen Porzellanfiguren und anderen Kostbarkeiten. Die Decke des Salons zierte ein prächtiger Lüster, von den Wänden blickten interessante Gemälde. Aber was mich am meisten beeindruckte, war das Piano - ein großer Flügel. Tante Irenke spielte nämlich gerne und wunderschön Klavier.

Da vor kurzem in Lackenbach eine Sparkasse eröffnet worden war, und zwar ausgerechnet im Oberstock, direkt neben Onkel Gabors Wohnung, war es eigentlich selbstverständlich, daß Onkel Gabor - als studierter Buchhalter - diese Institution leiten würde. Zusammen mit einer Sekretärin, dem Fräulein Gisi, behandelte er die Anliegen der örtlichen Bevölkerung - der jüdischen sowie der christlichen. Aus mehreren Gründen hielt auch ich mich gerne in der Sparkasse auf. Erstens hatte ich das Fräulein Gisi gerne - natürlich nicht wie unser Dienstmädchen Mitzi, das ich richtig liebte. Zweitens stand mir hier stets jede Menge von Papier zur Verfügung -, daß es auf einer Seite bereits beschrieben war, störte mich nicht. Es gab auch Lineale, Buntstifte, Radiergummi, sogar phantastisches Kopierpapier.

Aber am meisten faszinierte mich die Schreibmaschine - in meinen Augen die genialste Erfindung aller Zeiten. Gespannt beobachtete ich Fräulein Gisi, wie sie mit unglaublicher Geschwindigkeit auf die Tasten hieb, während sich auf dem Papier Buchstabe an Buchstabe, Wort an Wort, Zeile an Zeile reihten. Hier entstanden auch meine bedeutendsten zeichnerischen Kunstwerke: kühne Entwürfe für phantastische Gebäude, elegante Limousinen, majestätische Dampfschiffe, Luftschiffe, Flugzeuge. Wie schade, daß der Menschheit nichts davon erhalten geblieben ist!

Es war erstaunlich, wie sich Tante Irenke - dieses gebildete, verwöhnte Mädchen aus der Großstadt - in diesem Dorf, in Lackenbach einleben konnte. Natürlich gab es anfänglich Schwierigkeiten, und nicht wenige. Die allererste war, daß sie keine Perücke trug - ein sog. Scheitel - wie jede verheiratete Frau in unserer Familie, sondern ihr eigenes, stets schön frisiertes Haar behielt. Da sie außer Klavierspielen auch noch Kunstgewerbe studiert hatte und weiter verschiedene kleine Schmuckgegenstände anfertigte, blieb ihr keine Zeit zum

Kochen. Also brachte ein Dienstmädchen vom Gasthaus Wieselmann jeden Mittag einen Korb mit einer ausgezeichneten Mahlzeit. Ich kann bezeugen, daß sie gut war, denn einen Sommer lang wohnte ich bei ihnen und aß davon.

Tante Irenkes Verhältnis mit Tante Theres, ihrer Schwägerin - zugleich Cousine - war schon aus den erwähnten Gründen ziemlich gespannt. Und während Tante Theres sehr bald nach ihrer Hochzeit an Umfang zunahm, dann schließlich den kleinen Albert zur Welt brachte, bewahrte Tante Irenke weiter ihre mädchenhafte Figur und dachte nicht daran, schwanger zu werden. Natürlich grämte die Großeltern dieses der Familie nicht bekommende Verhalten ihrer Schwiegertochter, doch sie ließen sich dies nicht anmerken. Im Gegenteil - Großmama versuchte unentwegt, den Konflikt so weit wie möglich zu entschärfen. Schließlich handelte es sich nicht nur um Tochter und Schwiegertochter - Tante Irenke war ja auch ihre leibliche Nichte.

Mich beeindruckte Tante Irenkes weltliches Benehmen - wie sie sich kleidete, ihre Frisur trug, wie sie redete, alles imponierte mir. Ganz besonders liebte ich, ihr zuzuhören, wenn sie bei der Arbeit sang - natürlich auf ungarisch, das sie ja viel besser beherrschte als Deutsch. Erst als ich größer war erfuhr ich, daß das unsere Religion frommen Männern verbietet, Frauen singen zu hören. Mit Mama verstand sie sich viel besser als mit Tante Theres, vielleicht weil sie nicht während des ganzen Jahres im selben Haus wohnten - oder auch weil Mama als Großstädterin schon aufgeklärter und in dieser Beziehung ein wenig toleranter war.

Aber auch Onkel Gabor hatte ich recht gern, denn er witzelte viel und brachte mit seiner tiefen Stimme die komischsten Laute hervor. Er war groß und schlank - erst später entwickelte er dank Frau Wieselmanns üppiger Kost einen kleinen Schmerbauch. Seine dicke braune Hornbrille und seine gewählte Redeweise vermittelten den Eindruck eines gebildeten Menschen. Er war bei weitem nicht so fromm wie die übrige Familie, was er jedoch aus Rücksicht auf seine Eltern nicht merken ließ. Nur ich wußte die ganze Wahrheit - verriet jedoch nichts.

Oft begleitete ich die beiden auf ihrem abendlichen Spaziergang. Sie unterhielten sich miteinander auf ungarisch, so daß ich ihre Konversation nicht verstand - sie hätte mich ohnehin nicht interessiert. Ungeduldig lief ich immer ein wenig voran, wartete bis sie mich eingeholt hatten, lief dann wieder voran wie ein Hündchen.

Wie gesagt - einen ganzen Sommer lang wohnte ich bei ihnen. Ich schlief im Kabinett, neben dem Salon, in dem das Klavier stand. Bei meinem Bett befand sich ein großer Bücherschrank. Obwohl ich erst vor kurzem 10 geworden war, konnte ich schon fließend lesen. Leidenschaftlich verschlang ich alles Gedruckte, was mir in die Hände fiel: Bücher, Broschüren, Zeitungen - einschließlich sämtlicher Anzeigen. Natürlich verstand ich nur einen Bruchteil, aber das störte mich nicht im geringsten. Sobald ich erwachte, begann ich zu lesen - noch vor dem Frühstück. Im Laufe des Sommers hatte ich so den halben Bücherschrank ausgelesen, Romane, Klassiker, sogar Fachliteratur über Handel und Finanzwesen. Von allen Büchern erinnere ich mich bloß noch an Tolstois Roman *'Krieg und Frieden',* den ich von A bis Z verschlang.

Bei schönem Wetter spielte ich mit den anderen Kindern im Garten oder im Schulhof - wenn es regnete, war die Sparkasse mein liebster Aufenthaltsort. Schnell begriff ich, daß ich mich ruhig zu verhalten hatte - besonders in der Gegenwart von Kunden - wenn ich nicht hinausgeworfen werden wollte. Dann verzog ich mich in eine Ecke, wo ich ungestört zeichnen konnte. Lia leistete mir manchmal kurz Gesellschaft, doch da sie nicht zeichnete, begann sie sich bald zu langweilen und kehrte zu ihren Puppen zurück.

Einmal - es war gerade ein regnerischer Nachmittag -, Fräulein Gisi war schon heimgegangen, auch Onkel Gabor war gerade draußen - konnte ich der Versuchung nicht mehr widerstehen. Schnell nahm ich ein Blatt Papier, fädelte es in die Schreibmaschine ein und begann mit einem Finger behutsam zu tippen, Buchstabe nach Buchstabe. In meinem Eifer bemerkte ich nicht, daß Onkel Gabor wieder eingetreten war. Erzürnt schrie er mich an und versetzte mir eine Watschen. Während der nächsten Tage ließ ich mich in der Sparkasse nicht blicken, doch bald schien der Zwischenfall vergessen zu sein, und ich wagte, auf meinen gewohnten Platz zurückzukehren. Nur zur Schreibmaschine wahrte ich von nun an respektvolle Distanz.

In der Sparkasse bot sich mir zum ersten Mal Gelegenheit, die christlichen Bewohner Lackenbachs kennenzulernen. Es waren meistens einfache Bauern, die großen Respekt vor Onkel Gabor zu haben schienen. Die Männer nahmen die Hüte ab, die Frauen verbeugten sich, wenn sie grüßten. Sie sprachen den lokalen Dialekt, den ich nur mangelhaft verstand. Gelegentlich sprach man auch ungarisch, das ja Onkel Gabors zweite Muttersprache war. Die Männer rochen nach Tabak, obwohl sie hier ihre Pfeifen anstandshalber ausmachten. Sie kamen mit den verschiedensten Anliegen, Onkel Gabor beriet jeden freundlich und fachmännisch. Er schien gute Arbeit zu leisten, denn die Menschen schätzten ihn und seine Ratschläge - sogar wem er keine Anleihe gewähren konnte. Manchmal kamen auch Kunden, die ich kannte - wie eine ältere Frau, die mir jedesmal ein Zuckerl zusteckte, in der Hoffnung, sie könne durch mich meinen Onkel zu ihren Gunsten beeinflussen.

Onkel Gabor und Tante Irenke besaßen ein Radio - einen schwarzen magischen Blechkasten, aus dem klassische Musik, Wiener Walzer, ungarische Zigeunerweisen ertönten, von Zeit zu Zeit auch Nachrichten auf deutsch oder ungarisch. Ich war ein begeisterter Radiohörer, da wir zu Hause in Wien kein Radio besaßen. Großpapa empfing Radio Wien auf einem primitiven Kristall-Detektor mit Kopfhörern, doch der Empfang war oft gestört, besonders bei schlechtem Wetter.

Die hauptsächliche Nachrichtenquelle war damals noch die tägliche Zeitung, die *Neue Freie Presse*, die manchmal erst am nächsten Tag eintraf. Aber besonders wichtige Neuigkeiten verbreiteten sich schnell von Mund zu Mund, bis man zum Schluß kaum mehr wußte, wer die ursprüngliche Quelle war. Ein Telefon gab es zuerst nur bei der Post, später vermehrten sie sich. Überhaupt lebte man hier ruhiger als in der hektischen Stadt. Die Menschen gingen gelassen ihrer täglichen Beschäftigung nach, feierten die Feste, wie sie fielen. Die Kinder wuchsen heran, manche zogen dann in die weite Welt, andere blieben hier. Sogar eine Reise mit dem Zug nach Wien war damals für die meisten ein Erlebnis, von dem man oft noch lang zehrte.

Tante Irenke hatte eine jüngere Schwester, Manci, die sich in den Zahntechniker Gyula Hacker im benachbarten Weingraben verliebt hatte. Die Verlobung wurde im Haus der Großeltern gefeiert. Schon bei einem früheren Besuch konnte ich meinen Blick nicht von Tante Manci abwenden. Sie war immer lustig, sprudelnd lebhaft, trug der letzten Mode gemäß recht kurze Röcke. Sogar als kleiner Junge konnte ich ihre feschen Beine nicht übersehen. Aber am meisten bezauberte mich der herrliche Duft, den Manci verbreitete. Sie schwebte buchstäblich in einer Wolke von Wohlgeruch. Angeblich tanzte sie auch gerne und gut, was ich aber nur vom Hörensagen wußte, denn in ganz Lackenbach gab es kein einziges Tanzlokal. Die Liebe zu ihrem Bräutigam mußte überwältigend gewesen sein, wenn sie seinetwegen bereit war, das Leben in der glitzernden Großstadt aufzugeben und ihm nach Weingraben zu folgen - das sogar im Vergleich zu Lackenbach wie ein Nest anmutete.

Bereits eine Woche vor der Verlobung wurde eifrig gekocht und gebacken. Am langen Korridor zwischen Onkel Gabors Wohnung und der Sparkasse errichtete man aus einigen Tischen eine lange, festlich gedeckte Tafel. Großpapa rezitierte zuerst die bei einer Verlobung üblichen Gebete, dann wickelte er ein Trinkglas in eine Serviette, schlug damit auf die Tischkante, bis es zerbrach. Alle riefen nun laut: "Masel tow, Masel tow!" (Viel Glück!), man küßte einander - besonders die Braut. Auch ich kam auf meine Rechnung, denn Tante Manci drückte mich an sich und gab mir einen schallenden Kuß - noch tagelang duftete ich nach ihrem Parfüm. Nun wusch man sich die Hände und setzte sich zu Tisch. Es gab von allem Guten, aber am meisten schätzte ich die süßen

Nachspeisen, die verschiedenen Torten. Was nach der Feier übrig blieb, vernaschten wir im Laufe der folgenden Tage.

Als wir im nächsten Sommer wieder nach Lackenbach kamen, war das junge Paar schon glücklich verheiratet. Da nach Weingraben keine Bahnlinie führte, besuchten sie uns einmal wöchentlich per Motorrad. Großmama hatte schreckliche Angst, es könne ihnen etwas zustoßen und betete immer für sie. Aber anscheinend fehlte es in Weingraben nicht an schlechten Zähnen, denn kaum zwei Jahre später erschienen die Hackers im eigenen Auto, einem kleinen Tatra. Wenn sie ankamen, wurde das große Tor geöffnet, Onkel Gyula parkte den Wagen in der Einfahrt und ernannte mich zum Wächter. Stolz setzte ich mich hinter das Steuer und brummte wie ein Motor. Großzügig nahm ich Lia und die Grünsfeld Mädchen mit auf meine eingebildeten Reisen. Aber das allerschönste kam noch, denn vor ihrer Abreise bekam ich von Tante Manci immer einen herzlichen Kuß. Sie duftete noch immer sehr gut.

Diese Idylle nahm ein plötzliches, tragisches Ende mit dem Einmarsch Hitlers in 1938. Sämtliche Juden wurden im Lauf von wenigen Wochen aus dem Burgenland vertrieben, ihr Besitz beschlagnahmt, ihre berufliche Tätigkeit verboten. Onkel Gabor, Tante Irenke sowie den Hackers gelang noch rechtzeitig die Flucht nach Frankreich und von dort nach Amerika. Wer damals nicht entkommen konnte, wurde ins Konzentrationslager deportiert und kam dort auf furchtbare Weise um.

5. Der Seder

Die jüdischen Ostern - Pessach - verbrachten wir stets bei den Großeltern. Solange ich noch klein war, fuhren wir gewöhnlich schon eine Woche vor dem Fest nach Lackenbach, später erst nach Beginn der Schulferien. Wie alle jüdischen Feste fällt Pessach jedes Jahr anders, denn der jüdische Kalender richtet sich nach dem Mondjahr, dessen Monate kürzer sind. Um mit dem allgemein üblichen Sonnenjahr Schritt zu halten, muß jedes vierte Jahr ein Schaltmonat eingefügt werden.

Das achttägige Pessachfest ist zweifellos das aufregendste im jüdischen Kalender - für Frauen auch das aufreibendste, denn die damit verbundene Umstellung der Eßgewohnheiten macht viel Arbeit. Obwohl es ungefähr in die Zeit der christlichen Ostern fällt, hat es mit diesen überhaupt nichts gemeinsam (obwohl das christliche Osterfest daraus entstanden ist). Pessach dient einzig und allein der Erinnerung an den Auszug der Israeliten aus Ägypten vor über 3000 Jahren, als sie Moses aus der Sklaverei in die Freiheit führte, sie nach 40-jährigem Wandern durch die Wüste Sinai ins gelobte Land brachte. Da man in der Eile der Flucht beim Backen nicht das Gären des Teiges abwarten konnte, kam dieser ungesäuert in den Backofen. Das Resultat war ungesäuertes Brot - die sog. "Matze" (Mazza).

Zum Andenken daran darf auch heute acht Tage lang nichts Gesäuertes gegessen werden noch darf sich solches - sog. "Chometz" (Chametz) - im Haus befinden. Um die Trennung vollständig zu machen, wird vor Pessach das ganze Haus auf den Kopf gestellt, jede Ecke sorgfältig gesäubert, um ja kein Bröselchen Brot zu übersehen. Während des ganzen Festes muß besonderes Koch- und Eßgeschirr benutzt werden. Das gewöhnliche Geschirr wird weggepackt, die letzten noch im Haus befindlichen Brotreste werden sorgfältig gesammelt und am Vortag des Festes zeremoniell verbrannt.

In Lackenbach begann dieses Großreinemachen bereits mehrere Wochen vor Pessach. Es war fast ausschließlich die Aufgabe der Frauen und der Dienstboten, die Männer mußten ja dem täglichen Broterwerb nachgehen - in diesem Fall auch dem Erwerb der Matzes, von denen im Laufe des Festes beträchtliche Mengen verzehrt wurden. Wir Kinder mußten natürlich bei allem dabei sein und den Erwachsenen ständig im Weg stehen. Mir bereitete dieses Durcheinander riesigen Spaß, besonders weil man dabei oft manche für verloren gehaltene Gegenstände wieder entdeckte. Oft fühlte ich, daß unsere freiwillige Hilfe Mama auf die Nerven ging, aber meistens behielt sie dies für sich - außer wenn wir unerträglich wurden. Es kann daher nicht verwundern, wenn jüdische Frauen am Vorabend des Festes dem Zusammenbrechen nahe sind.

Eigentlich hatte ich das Laubhüttenfest noch lieber, aber was Spannung betrifft, war Pessach einfach unschlagbar. Und außerdem schmeckten die frischen knusprigen Matzes so gut - ich konnte stundenlang daran knabbern. Doch wie alles Gute, von dem man zuviel hat, wurden wir ihrer bereits in der zweiten Hälfte des Festes überdrüssig und sehnten uns nach Brot.

Was mich vor Pessach besonders faszinierte, waren die damit verbundenen häufigen Exkursionen auf den Dachboden. Vom Korridor des Oberstocks führte eine Holztreppe hinauf zu einer Falltüre, durch die man auf den besagten Dachboden gelangte. Zwischen den dicken Dachbalken spannten sich riesige Spinngewebe, vor denen ich mich schrecklich ekelte. Alles war mit einer dicken Staubschicht bedeckt, ein eigentümlicher Geruch der Verwesung füllte den Raum. Einerseits jagte mir diese geheimnisvolle, düstere Welt Angst ein, doch andererseits erregte sie meine Phantasie und Abenteuerlust.

Es dauerte eine Weile, bis sich meine Augen an das Halbdunkel im Raum gewöhnt hatten. Hier standen verstaubte alte Möbelstücke, Körbe und Koffer aller Größen, diverse Kisten und Fässer, ein rußiger Kessel. Einmal entdeckte ich in einer Ecke einen Reisekorb. Als ich vorsichtig den Deckel öffnete, sah ich zu meiner Überraschung, daß er bis oben mit alten Briefen gefüllt war. Auf den Umschlägen klebten österreichisch-ungarische Briefmarken mit dem Bildnis von Kaiser Franz Joseph. Da ich gerade begonnen hatte, Marken zu sammeln, erfreute mich der unerwartete Fund. Ohne erst Mama um Erlaubnis zu fragen, entnahm ich dem Koffer eine Handvoll Briefe mit den schönsten Marken und verbarg sie unter meiner Jacke. Gemeinsam schleppten nun die Frauen einen Korb mit Geschirr zur Treppe. Ich folgte ihnen auf dem Fuß, denn ich hätte es nie gewagt, in dieser gruseligen Geisterwelt allein zurückzubleiben.

Am Nachmittag nahm ich meinen Fund in die Sparkasse. Vorsichtig riß ich die Briefmarken mit dem umliegenden Papier von den Umschlägen, um sie später in Wasser abzulösen, wie ich es von erfahrenen Sammlern gelernt hatte. Aber plötzlich stand Onkel Gabor hinter mir: "Woher hast du diese Briefe?" - "Vom Dachboden", antwortete ich ganz unschuldig. Im nächsten Augenblick hatte ich eine Ohrfeige sitzen. "Rühr meine Briefe nie mehr an, hörst du?", schrie er und riß sie mir aus der Hand. Weinend flüchtete ich zu Mama. Sie lachte bloß: "Das sind sicher alte Liebesbriefe von seinen ehemaligen Freundinnen, und er will nicht, daß seine Frau diese Korrespondenz sieht."

Doch ein eifriger Sammler wie ich ließ sich von einer Watschen nicht einschüchtern. Schon bei unserem nächsten Ausflug auf den Dachboden schlich ich wieder zum verbotenen Korb, riß schnell einige interessant aussehende Briefmarken von den Umschlägen und stopfte sie in meine Tasche. Nur Mitzi hatte es bemerkt, aber sie verriet mich nicht. Das zeigt wieder, was wahre Liebe ist.

Wie gesagt, beim gründlichen Saubermachen kamen auch gelegentlich verlorengegangene Kostbarkeiten wieder zum Vorschein - eine alte Puppe, ein Bleistift, die bereits als verloren aufgegebene Silberbrosche von Großmama, große und kleine Münzen, verschiedene Knöpfe und so weiter und so fort. Doch am meisten freute ich mich über die schönen Briefmarken, die jetzt meine junge Sammlung zierten.

Nicht nur bei uns, sondern überall im Dorf wurde saubergemacht, vor allen Häusern häuften sich Mist und alter Krempel. Nur mit Mühe konnte ich mich beherrschen, nicht auch noch darin nach eventuellen Schätzen zu suchen. Doch dieser Rummel hatte etwas Freudiges an sich, er war sozusagen ein Vorbote des herannahenden Festes. Und sicherlich trug auch das schöne Frühlingswetter zu dieser guten Stimmung bei.

Inzwischen waren schon mehrere braune Papierpakete mit Matzes eingetroffen. Sie wurden vorläufig ganz oben auf der Kredenz verstaut. Wie gerne hätte ich gleich davon gekostet, doch Mama erklärte mir, einen ganzen Monat vor Pessach sei der Genuß von Matzes verboten. Eines Tages kehrte Mitzi mit mehreren geschlachteten Hühnern vom Schächter zurück, auch eine große Gans hatte ihr Leben lassen müssen. Der Anblick der Tiere mit den blutigen Hälsen trieb Lia und mich aus dem Haus. Wir spielten im Garten, bis das eklige Rupfen beendet war und das zerkleinerte Fleisch bereits im Kochtopf brodelte.

Ein paar Tage vor dem Fest wurde das meiste "chometzdige" Geschirr weggeräumt, das "pessachdige" durfte aber noch nicht verwendet werden. Daher mußten wir jetzt unsere Mahlzeiten an einem kleinen Tisch ziemlich provisorisch einnehmen, was wir Kinder im Gegensatz zu Mama sehr lustig fanden.

Als Jüngstem im Hause - Lia zählte noch nicht - fiel mir die Aufgabe zu, an den beiden ersten Festabenden das "Ma nischtaná" zu zitieren. Das sind die berühmten "Vier Fragen" am Sederabend, die traditionell vom jüngsten Familienmitglied gefragt werden sollen. Mit Onkel Bennös Hilfe lernte ich sie auswendig, aber er versprach mir, im Bedarfsfall ein wenig zu soufflieren. Am Abend vor dem Vortag des Festes begleitete ich Großpapa bei der Suche nach den letzten Chometzresten durch das Haus. Mit einer brennenden Kerze und einer Gansfeder ausgerüstet zogen wir von Zimmer zu Zimmer, fanden die von Großmama fürsorglich vorbereiteten Brotreste, fegten sie säuberlich auf ein Stück Papier. Das Ganze wurde dann zusammen mit der Kerze in Zeitungspapier gewickelt und aufbewahrt.

Am nächsten Tag, dem Vortag des Festes - "Erew Pessach" genannt -, erreichten die Vorbereitungen ihren Höhepunkt. Ganz früh servierte uns Mama in einer Zimmerecke ein eiliges Frühstück, das Geschirr wurde sofort abgewaschen und weggepackt, übriggebliebenes Brot zu den gesammelten Resten vom Vorabend gelegt. Nochmals wurde das ganze Haus gründlich ausgefegt, das letzte Staubkörnchen weggewischt, bis alles vor Sauberkeit nur so blitzte. Ein Gebet zitierend, verbrannte Großpapa im Hof die aufbewahrten Brotreste. Ich assistierte ihm dabei.

Das Mittagessen war heute einfach und kurz: Es gab bloß Faschiertes und Erdäpfel, denn Brot durfte nicht mehr gegessen werden, Matzes dagegen noch nicht. Zum ersten Mal aßen wir heute vom Pessachgeschirr und mit Pessachbesteck.

Mittlerweile waren die Vorbereitungen für den "Seder" (wörtlich 'Ordnung') - das festliche Abendmahl - in vollem Gange. Im größten Raum des Hauses, dem Schlafzimmer der Großeltern, stand bereits der zu seiner vollen Größe ausgezogene Eßtisch, festlich gedeckt für zehn Personen, mit den frisch geputzten silbernen Schabbesleuchtern. In der Küche bereitete man inzwischen alles nötige für die Sederschüssel vor. Mama machte das "Chareusses" (Charosset) - einen süßen Brei aus geriebenen Äpfeln und Nüssen -, Tante Theres rieb den Kren für den "Moreur" (Maror) - das Bitterkraut, Großmama machte eine gebratene Ganskeule zurecht, putzte Radieschen, schnitt Petersilie. Nachdem alles der Vorschrift gemäß auf der Schüssel lag, wurde sie mit einem prächtigen goldbestickten Tuch bedeckt und ans Kopfende des Tisches gestellt.

Inzwischen brodelte am Herd ein Kessel mit Hühnersuppe und Knödeln aus Matzebrei. Dutzende harte Eier wurden gekocht sowie Berge von Erdäpfeln. Onkel Bennö brachte vom Keller ein paar große Flaschen mit Rotwein. Die knusprigen, leicht bräunlichen Matzes wurden nun ausgepackt und in einen dazu bestimmten viereckigen Korb gelegt. Die Versuchung, davon zu naschen, war fast unwiderstehlich - aber ich widerstand ihr tapfer.

Schon am frühen Nachmittag war alles bereit. Am oberen Tischende thronte die Sederschüssel, daneben ein silberner Kiddesch-Becher für Großpapa. Neben jedem Gedeck lag eine "Gohde", das Buch mit der Geschichte des Auszugs aus Ägypten. Außer unseren Gläsern stand auf Tisch auch noch ein silberner Becher für den Propheten Elija. Der Sessel Großpapas war mit zwei Kissen gepolstert - freien Menschen geziemt es, sich an Pessach bequem anzulehnen. Auch auf meinen Sessel hatte Mama vorsorglich ein Kissen gelegt, um den Sitz ein wenig zu erhöhen.

Alle wuschen sich nun, kleideten sich in ihr Bestes, die Frauen legten ihren Schmuck an. Tante Irenke erschien in einem hocheleganten, bestickten Seidenkleid. Statt einer Perücke, wie bei den anderen Frauen, bedeckte bloß ein weißes Tüchlein ihre kunstvolle Frisur. Als sie mich küßte, umhüllte mich Parfümduft. Jede Frau entzündete nun zwei Kerzen in den silbernen Leuchtern - die Männer gingen zur Schul. Ich begleitete Papa. Nach dem Gottesdienst, beim Eintreten ins Haus, wünschte man einander "Gut Jontew!" - angenehmen Feiertag!

Man setzte sich zu Tisch, die Gläser wurden mit Wein gefüllt, Großpapa begann, aus der Gohde auf hebräisch die Geschichte des Auszugs aus Ägypten vorzulesen. Zum allgemeinen Verständnis übersetzte er jedoch jeden Abschnitt auch auf deutsch. Bald kam die Reihe an mich. Ohne zu stocken, leierte ich die "Vier Fragen" herunter - nämlich, was den heutigen Abend von den anderen unterscheidet. Mein gelungener Auftritt wurde mit allgemeinem Beifall belohnt. Singend beantwortete nun die ganze Tischgesellschaft meine Fragen. Nach weiterem Vorlesen und Singen und nachdem man zwei Gläser Wein getrunken, vom Kren und den Radieschen genossen sowie ein Stückchen Matze gegessen hatte, begann endlich das eigentliche Festmahl.

Heute gab es statt der üblichen Barches frische knusprige Matzes - wie das schmeckte, hhhmmm! Zuerst aß man ein in Salzwasser getunktes hartes Ei, dann kam die Hühnersuppe mit den Matzeknödeln. Das entwickelte sich bald zu einem fröhlichen Wettessen. Ich brachte es mit Mühe auf drei Knödel, Papa auf neun, Onkel Bennö sogar auf elf. Aber Onkel Gabor wurde unbestrittener Sieger - er brachte es auf ganze dreizehn Stück!

Nach der Mahlzeit mußte ich das "Afikeumen" (Afikomen) suchen, eine in ein Tuch gewickelte halbe Matze, die Großpapa noch vor dem Essen versteckt hatte. Dank heimlicher Hinweise von Papa und Onkel Gabor fand ich es im Nu. Als Belohnung durfte ich mir etwas wünschen, doch darüber wollte ich erst noch in Ruhe nachdenken. Lia war mittlerweile eingenickt und Mama brachte sie zu Bett. Obwohl auch ich schläfrig war, wollte ich noch nicht ins Bett - ich wollte dem Seder bis zum Ende beiwohnen. Jetzt verrichtete man zum Abschluß feierlich das Tischgebet.

Wie sich zeigte, war der zweite Teil viel lustiger, ausgelassener - vielleicht weil alle schon mehrere Gläschen Wein in sich hatten oder weil jetzt mehr gesungen wurde. Von Zeit zu Zeit fielen mir die Augen zu, doch gewaltsam riß ich sie wieder auf. Onkel Gabor gab beim Singen oft tiefe, quakende Laute von sich, die ich unglaublich komisch fand. Dann gelangte man zur Stelle, an der die Eingangstür geöffnet wird, um den Propheten Elija willkommen zu heißen. Doch an seiner Stelle trottete der alte zottige Bernhardiner würdevoll in die

Stube. Alle lachten, und Onkel Bennö jagte ihn schnellstens hinaus. Der Seder endete mit einem lustigen allegorischen Lied: "Chad Gadjo, Chad Gadjo" - "Vater kaufte ein Lämmchen...". Zum Umfallen müde, aber ungemein stolz, daß ich doch bis zum Ende aufgeblieben war, ließ ich mich um Mitternacht willig zu Bett bringen - gleichzeitig mit den Erwachsenen.

Als ich erwachte, duftete es im Haus von frischgebrautem Kaffee. Am Pessach war es nämlich verboten, Gerstenkaffee oder anderen Ersatz zu benutzen. Daher röstete man die grünen Kaffeebohnen selbst und mahlte sie in einer Handmühle. In den frisch gemachten Kaffee brockte man dann die Matzes. Das schmeckte einfach himmlisch.

So genossen wir nun Morgen für Morgen acht Tage lang unseren Matzekaffee. Bloß Onkel Bennö brockte keine Matze in seinen Kaffee; der Brei könnte nämlich säuern, und der Genuß von Gesäuertem ist ja am Pessach streng verboten. Auf welch herrliche Genüsse fromme Menschen ihres Glaubens wegen verzichten - dachte ich bewundernd. - Onkel Gabor erzählte uns damals einen Witz, den ich aber erst viel später so richtig verstand: Also, der Rabbiner besucht den Pfarrer, der gerade beim Mittagessen ist. "Wie schade, Herr Rabbiner, daß ich sie nicht zu diesem köstlichen Braten einladen kann. Wann werden sie endlich auch Schweinefleisch essen?", fragte der Pfarrer seinen Gast mit gespieltem Bedauern. "Bei ihrer Hochzeit, Hochwürden!", kam die promp-te Antwort.

Da im Gegensatz zum Schabbat an Festtagen das Kochen erlaubt ist und der zweite Seder vorbereitet werden mußte, verbrachten die Frauen und Mitzi wieder viel Zeit in der Küche. Der zweite Seder ähnelte dem ersten wie ein Ei dem anderen, nur daß die Frauen heute nicht so müde waren und ihn daher voller genießen konnten.

Nach den ersten zwei Feiertagen folgten vier Halbfeiertage - "Chalemeud" genannt -, an denen aber gearbeitet werden durfte, wenigstens halbtags. Darauf folgten wieder zwei Vollfeiertage, aber ohne Seder. Doch während der ganzen acht Tage durfte statt Brot nur Matze gegessen werden. Ich muß gestehen, daß ich mich nach mehreren brotlosen Tagen schon ganz gehörig nach einem frischen Stück Barches oder einer Semmel sehnte.

"Chalemeud" mußte jemand Mitzi beim Milchholen begleiten, um aufzupassen, daß nichts Gesäuertes die Milch verunreinigte. Solange ich dazu noch zu klein war, erfüllte Tante Theres diese Aufgabe, doch als ich ein wenig erwachsener war, löste ich sie ab. Frühmorgens spazierten Mitzi und ich mit einem "pessachdigen" Milchkübel zu einem Bauernhof, ließen ein paar Liter Milch hineinmelken und kehrten damit nach Hause zurück. Ich paßte sowohl auf die Milch als auch auf Mitzi auf.

Doch alles nimmt einmal ein Ende - auch das Pessachfest. Es folgten nun sieben Wochen der Halbtrauer, die sog. "Sfire", zum Andenken an das massenhafte Sterben der Schüler eines berühmten Rabbi. Während dieser 49 Tage kann zwar ganz normal gearbeitet werden, man darf sich jedoch weder rasieren, noch Musik hören, noch Hochzeiten feiern. Bloß am 33. Tag - am "Lag be'umer" - gelten diese Verbote nicht, denn das Sterben hielt an diesem Tag inne. Die struppigen Bärte der Männer verschwanden, man durfte heiraten, Musik hören; lustig sein. Aber bloß an diesem Tag - nachher wurde weiter getrauert, bis "Schwües" (Schawuót, das jüd. 'Pfingstfest'), dem nächsten Fest.

Mit dem Rasieren hatte es überhaupt seine Sache. Die Bibel verbietet nämlich frommen Juden, ein Rasiermesser zu benutzen. Viele lassen daher ihren Bart einfach wachsen, oder stutzten ihn bloß gelegentlich mit einer Schere. Aber die burgenländischen Juden trugen keine Bärte, höchstens einen kleinen Schnurr- oder Spitzbart - sie mußten sich also irgendwie rasieren. Wie kommt nun die Katz übers Wasser - wie rasiert man sich ohne Messer oder Rasierklinge? Ganz einfach - mit Rasol. Das ist ein schwefelhaltiges Pulver, das mit Wasser zu einem Brei angerührt, auf das Gesicht aufgetragen und nach einer Weile zusammen mit dem abgeätzten Bart wieder abgeschabt wird. Wenn man nicht vorsichtig ist, geht hie und da auch ein Stückchen Haut mit. Diese Methode ist zwar vom religiösen Standpunkt aus erlaubt, doch das Zeug stank ganz fürchterlich. Wenn sich Papa damit rasierte, öffnete Mama sofort alle Fenster. Heutzutage ist das leichter, denn auch den Frommen ist es erlaubt, einen elektrischen Rasierapparat zu benutzen.

Wie gesagt, folgte auf die sieben Trauerwochen das zweitägige 'Pfingstfest' - "Schwües" genannt. Solange ich noch klein war, verbrachten wir das Fest bei den Großeltern, doch als ich zur Schule ging, mußten wir gleich nach Pessach zurück nach Wien zur Schule. Dann kamen wir erst nach Schwües in den Schulferien wieder nach Lackenbach. Dieses Fest hat übrigens ebensowenig mit Pfingsten zu tun wie Pessach mit Ostern (von historischen Entstehungszusammenhängen einmal abgesehen). Es erinnert an die Übergabe der Tafeln mit den Zehn Geboten an Moses auf dem Berg im Sinai. Gleichzeitig feierte man damit auch das Erntefest, denn im heiligen Land erntete man viel früher als im Burgenland.

Wie vor jedem Feiertag wurde wieder fleißig gebacken und gekocht, aber bedeutend weniger geputzt als vor Pessach. Man durfte nach Herzenslust Brot, Barches und alles übrige essen. An diesem Fest waren jedoch Milchspeisen üblich, besonders Käsetorten. Die Schul war festlich mit Laub und Blumen geschmückt, der Gottesdienst nicht übermäßig lang, also im großen und ganzen ein recht angenehmes Fest, insbesondere, da es zu dieser Jahreszeit schon sommerlich warm war.

Doch dann folgte eine lange festlose Pause, bis zu den großen Feiertagen im September. Bloß gegen Ende Juli/Anfang August gab es einen Trauer- und Fasttag, den "Tischebow" (Tischá b'Av) - der 9. Tag des Monats Av - zur Erinnerung an die Zerstörungen des Tempels in Jerusalem. An diesem Tag durfte normal gearbeitet werden, man verbrachte nur kurze Zeit in der Schul - es war also kein Fest. Aber trotzdem kam ich dabei auf meine Rechnung: Neun Tage vor "Tischebow" - in den sog. "Neun Täg" - durfte nämlich zum Andenken an die Belagerung Jerusalems kein Fleisch gegessen werden. Infolgedessen gab es jeden Tag eine andere Mehlspeise, wie Mohn- oder Nußnudeln, Schlischkerl, Topfenknödel, Palatschinken oder ähnliches - alles Gerichte, die ich ungemein liebte. Von Trauer konnte bei mir keine Rede sein. Bis zum heutigen Tag kann ich nicht verstehen, was fleischlose Kost mit Trauern zu tun hat.

Der Reifen

Die Chassene

Tante Theres - kaum zwei Jahre jünger als Mama - war schon über 30, aber noch nicht verheiratet. Das war in Lackenbachs besseren Kreisen ein inakzeptabler Zustand, dem unbedingt Abhilfe geschaffen werden mußte. Tante Theres war weder eine Schönheit, noch besaß sie besondere Begabungen. Sie hatte jedoch einen unbestreitbaren Vorzug: Sie war eine Ullmann, eine Urenkelin des berühmten Rabbiners Reb Scholem Charif - auf deutsch: der Scharfsinnige -, gehörte also zur Burgenländer Aristokratie. Und das sollte ihr letzthin auch zu einem braven Ehegatten verhelfen.

Doch um das verstehen zu können, ist es unerläßlich, die Sitten und Gebräuche der orthodoxen Juden jener Zeit zu kennen. Im Gegensatz zu assimilierten Juden, die sich im großen und ganzen der Lebensweise der sie umgebenden Gesellschaft angepaßt hatten, bewahrten jene ihre jahrhundertealten Gebräuche weiter. Diese bestehen auf strenge Trennung der Geschlechter - bereits in der Volksschule lernen Knaben und Mädchen in getrennten Klassen. Wenn sie dann heranwachsen, sind Begegnungen, Unterhaltungen zwischen ihnen sehr selten - von gemeinsamen Spaziergängen oder gar vom Tanzen ganz zu schweigen.

Wie kommt aber die Katz schließlich übers Wasser? Wie lernen künftige Ehepaare einander kennen? Wie konnte es zu Verlobungen, zu Hochzeiten, zur Fortpflanzung kommen? Ganz einfach - die Ehen wurden vermittelt. Der Heiratsvermittler, der sog. "Schadchen", spielte daher in der jüdischen Gesellschaft eine außerordentlich wichtige Rolle und nicht nur in der orthodoxen. Er - oder sie - reiste von Gemeinde zu Gemeinde, im In- sowie im benachbarten Ausland, sammelte sämtliche Daten der verschiedenen Kandidaten, um ihnen passende Partner finden zu können, sie unter die "Chüppe" (Chuppá) - den Hochzeitsbaldachin - zu bringen. Professionelle Vermittler erhielten im Falle einer zustande gekommenen Partie ein angemessenes Honorar, Amateure begnügten sich oft mit der Genugtuung, eine gute Tat - eine "Mitzwe" - vollbracht zu haben.

Das wichtigste Kriterium war zu allererst immer die Abstammung - das "Jiches" - der Familien von Braut und Bräutigam und die entsprechende Fröm-migkeit. Dann kam die finanzielle Situation einschließlich der zu erwartenden Mitgift und zum Schluß natürlich auch das Äußere der Partner - ganz zum Schluß auch noch gegenseitige Zuneigung.

Ungeachtet dessen gab es hin und wieder auch reine Liebesehen, wie zum Beispiel die meiner Eltern, die sich schon seit Kindheit kannten. Beide Eltern meines Vaters stammten nämlich ebenfalls aus Lackenbach, und obwohl sie später nach Ungarn übersiedelten, bewahrten sie die Verbindung mit der alten Heimat und den dortigen Verwandten. Auch mein Vater besuchte oft Lackenbach, verliebte sich da in meine Mutter und heiratete sie nach seiner "Abrüstung" - er diente nämlich im Ersten Weltkrieg in der österreichungarischen Armee. Auch die Ehe von Onkel Gabor und Tante Irenke beruhte auf Liebe - doch in ihrem Fall war dies weniger außergewöhnlich, da sie nicht fromm waren.

Also, die geglückte Partie von Tante Theres war das selbstlose Werk eines hilfreichen Nachbarn, Herr Grünsfeld, der gute Verbindungen in der Slowakei hatte. Es war ihm gelungen, einen braven Talmudstudenten - einen sogenannten "Jeschiwe-Bocher" - aus dem Städtchen Galanta ausfindig zu machen, der bereit war, meine Tante zur Ehefrau zu nehmen, ungeachtet der Tatsache, daß sie fünf Jahre älter war als er.

Das Kabinett, in dem Tante Theres bisher allein geschlafen hatte, wurde nun schön renoviert und in ein Ehezimmer verwandelt. Statt einer Mitgift nahm Großpapa seinen neuen Schwiegersohn als Partner in das Ledergeschäft. Obwohl dieses angesichts der damaligen schlechten Wirtschaftslage nicht sehr einträglich war, gewährte es dem berufslosen jungen Mann eine lebenslange Existenz. Oder so dachte man wenigstens damals - nur wenige Jahre vor Hitler.

Bernhard Schulz - wir Kinder nannten ihn bereits Onkel Bennö - war ein sympathischer junger Mann, dessen feuerroter Spitzbart mich besonders beeindruckte. Obwohl ich damals erst fünf Jahre alt war, erinnere ich mich, daß auch er mich gern und oft liebevoll in die Backe zu kneifen pflegte wie Großpapa. Aber zur Entschädigung durfte ich dann auf seinem Knie reiten.

Die Verlobung wurde bescheiden zu Hause gefeiert. Onkel Bennö fuhr nachher wieder nach Hause und kehrte erst kurz vor der Trauung nach Lackenbach zurück. Die bevorstehende Hochzeit versetzte das Haus in große Aufregung, die auch bald auf das ganze Dorf übergriff. Eine Ullmannsche Hochzeit war hier nämlich ein wichtiges Ereignis, auf das sich ganz Lackenbach gebührend vorbereiten mußte. Traditionshalber sollte sie im Gemeindehaus stattfinden - im "Chewrehaus". Zu diesem Zweck mußte dieses umgehend instandgesetzt werden - d.h. es wurde frisch gekalkt, ein paar zerbrochene Fensterscheiben wurden gewechselt. Aber am wichtigsten - Lackenbach hatte soeben elektrischen Strom bekommen, und im Chewrehaus wurde nun die neue Beleuchtung installiert.

Unter Großpapas Anleitung schrieben Mama und Tante Theres eifrig Einladungen an die auswärtigen Familienmitglieder. Die meisten Verwandten Großmamas lebten in Budapest und Wien, doch die Familie Großpapas war in der weiten Welt verstreut, in Deutschland, England, Belgien, Rumänien, ja, sogar in Amerika. Das jüdische Lackenbach erlebte seine Blütezeit gegen Mitte des 19. Jahrhunderts, aber infolge der beschränkten Existenzmöglichkeiten im Dorf wanderte ein großer Teil der heranwachsenden Jugend aus, auch die Brüder und Cousins Großpapas. Doch zur Hochzeit der jüngsten Tochter Leo Ullmanns erwartete man die rege Teilnahme der Verwandtschaft - sogar der im Ausland seßhaften.

Zwei Wochen vor der "Chassene" verwandelte sich das Haus in einen wahren Hexenkessel. Zwei Frauen kamen täglich, um beim Kochen und Backen behilflich zu sein, eine Näherin saß jeden Nachmittag an der Nähmaschine, um das Brautkleid und die Aussteuer vorzubereiten. Mein Schwesterchen Lia und ich standen natürlich überall im Weg - Mama war jetzt viel zu beschäftigt, um sich ständig um uns kümmern zu können. Alle möglichen Leute erschienen in Verbindung mit der Hochzeit bei Großpapa im Geschäft, man schleppte Möbel, Matratzen, Bettwäsche. Unzählige Briefe wurden geschrieben, abgeschickt, andere kamen an, gelegentlich brachte der Postbote ein Telegramm. All dies interessierte mich natürlich ungemein, hielt mich ständig in Hochspannung - kein Wunder, wenn ich kaum mehr zum Spielen Zeit hatte.

Und dann trafen die ersten Gäste ein. Die Begrüßungen waren herzlich und tränenreich, denn so manche hatte man schon jahrzehntelang nicht gesehen. Die meisten kamen mit gewichtigen Paketen - den Hochzeitsgeschenken. Doch auch wir Kinder gingen nicht leer aus; jeder brachte uns irgendeine Kleinigkeit mit. Da es in Lackenbach kein Hotel gab, mußten die auswärtigen Gäste bei Nachbarn, Verwandten, Freunden, untergebracht werden.

Nur Großpapas Bruder aus Deutschland, Onkel Salmen - ein stets gutgelaunter Mann mit einem gepflegten grauen Spitzbärtchen - samt Gemahlin, wurden im Haus untergebracht. Die Tante, die aus Norddeutschland stammte, sprach ein ganz komisches Deutsch, das ich nicht immer verstand. Mama erklärte mir, daß ungefähr an die vierzig auswärtige Gäste erwartet wurden, die alle untergebracht werden müßten. Das machte ihr viel Arbeit, und daher bat sie uns Kinder, ausnahmsweise brav zu sein, sie nicht zu sekkieren, was wir auch feierlich gelobten. Doch ungeachtet aller guten Vorsätze, fiel ich einen Tag vor der Hochzeit hin, schlug mir dabei beide Knie blutig. Außerdem verschwand meine neue Mütze spurlos und Lia bekam plötzlich einen Ausschlag am ganzen Körper. Mama war wirklich nicht zu beneiden.

Ein paar Tage vor der Hochzeit kam Papa aus Wien, einen Tag darauf Onkel Bennö aus Galanta. Da im Haus mehr kein Platz war, wurden sie bei Familie Austerlitz untergebracht. Onkel Bennö durfte sich bei uns nicht sehen lassen, denn - wie mir Mama erklärte - vier Wochen vor der Trauung ist es einem frommen Brautpaar verboten, einander zu sehen. Tante Theres war sehr aufgeregt - freudig natürlich -, was nur verständlich war. Ihr Brautkleid und ihre Perücke waren bereit, das neue Schlafzimmer komplett eingerichtet, einschließlich eines neuen Spitzenvorhangs und eines schönen Teppichs. Sogar zwei funkelnagelneue Nachttöpfe standen unter den Betten. Letztere standen übrigens getrennt voneinander - so hat es bei frommen Ehepaaren zu sein. Als Neffe der Braut avancierte ich in den Augen der anderen Kinder zu einer wichtigen Persönlichkeit. Meine nächsten Freunde lud ich auch noch persönlich ein - obwohl ja das ganze Dorf zur Hochzeit eingeladen war.

Eines Tages war es soweit. Schon am frühen Morgen blickte Mama zum bewölkten Himmel hinauf und meinte besorgt: "Hoffentlich regnet es nicht bei der Chüppe!" Auf meine Frage erklärte sie mir, daß die Trauung unter dem Baldachin - der Chüppe - unter freiem Himmel stattzufinden habe, auch im Regen. Andererseits war es gut, wenn es nicht zu warm war, schon des Essens wegen, das sonst verderben könnte - Kühlschränke gab es ja damals noch nicht, wenigstens nicht in Lackenbach. Mitzi, das Dienstmädchen, mit noch ein paar Frauen, schleppten seit den frühen Morgenstunden Töpfe, Eßgeschirr, Gläser, Gebäck, Tischtücher und alles sonst noch Erforderliche ins Chewrehaus. Dort deckte man die Tische, stellte Vasen mit frischen Blumen darauf, ordnete Stühle und Bänke. Ein paarmal begleitete ich Mitzi und half ihr beim Tragen.

Mittags servierte man heute nur eine Kleinigkeit - Tante Theres und Onkel Bennö fasteten überhaupt bis nach der Trauung. Das Ledergeschäft blieb heute geschlossen. Nach dem Essen ruhte man noch ein wenig, dann wusch man sich und zog sich fein an. Großpapa trug einen glänzenden Zylinder, die Damen erschienen in Hüten und mit ihrem schönsten Schmuck. Mama klebte ein frisches Pflaster auf mein aufgeschlagenes Knie. Schon frühmorgens hatte eine Friseuse Tante Theres fast kahl geschoren, ihr den neuen schön frisierten Scheitel aufgesetzt. Ich fand, sie sah darin besser aus, als in ihrem eigenen Haar. Als sie dann noch im weißen Brautkleid erschien, ähnelte sie einer Fee in einem Märchen - irgendwie wirkte sie auch schlanker als sonst.

Am Nachmittag ging es in einer Prozession zur Schul. Nur Onkel Bennö fehlte. Papa belehrte mich, daß der Bräutigam erst bei der Trauung erscheint. Nach dem Nachmittagsgebet versammelte man sich im Schulhof - Männer auf einer Seite, Frauen auf der anderen. Vier junge Burschen hielten die Stangen der Chüppe - ein Baldachin aus dunkelblauem Samt -, Kantor Taube stellte sich darunter, zu ihm gesellten sich alsbald der greise Rabbiner, Großpapa und der Vater des Bräutigams. Zwei Männer geleiteten nun den im weißen Kittel - dem jüdischen Sterbekleid - gekleideten Onkel Bennö unter die

Chüppe. Dann erschienen Großmama und Onkel Bennös Mutter mit der verhüllten Braut, umkreisten mit ihr siebenmal den Bräutigam, bevor sie sie dann an seine Seite stellten. Das Publikum sang mittlerweile frohe Melodien. Kantor Taube erhob jetzt die Hand - der Gesang verstummte, die Zeremonie konnte beginnen.

Mittlerweile hatte es zu dämmern begonnen. Man entzündete Kerzen, hielt sie in die Höhe, um die Vorgänge unter der Chüppe zu beleuchten. Zuerst verlas der Rabbiner laut den Heiratskontrakt - die "Ksübbe". Dann erhob Kantor Taube seinen mit Wein gefüllten Becher und stimmte den Segensspruch an. Der Bräutigam trank vom Wein, Großmama hob den Schleier der Braut ein wenig und gab auch ihr zu trinken. Jetzt legte man ein in ein Tuch gewickeltes Trinkglas auf den Boden, Onkel Bennö sagte einen Segensspruch und trat darauf, bis es mit einem lauten Knall zerbrach. Die Menge rief begeistert: "Maseltow, Maseltow!"

Begleitet vom fröhlichem Gesang der Menge, bewegte sich nun der Baldachin mit dem Brautpaar in Richtung Chewrehaus. Die vier jungen Träger versuchten spaßhalber, mit dem Rand des Baldachins Großpapa den Zylinder vom Kopf zu werfen. Ihn festhaltend, schrie er die Lausbuben an, sich zu benehmen. Beim Chewrehaus angekommen, geleitete man zuerst das Brautpaar zum Essen in ein separates Zimmer - sie hatten ja den ganzen Tag gefastet. Mama sagte mir, daß die beiden jetzt zum ersten Mal unbegleitet beisammen sein dürfen.

Die übrige Gesellschaft setzte sich an die gedeckten Tische, die Familie an eine separate Tafel am oberen Ende des Saales. Eine vierköpfige Zigeunerkapelle begann zu spielen - zwei Geigen, ein Baß und ein Cembalo. Wir Kinder trieben uns ausgelassen zwischen und unter den Tischen herum. Die Frauen brachten große, dampfende Schüsseln mit dem Essen, Wein und Bier wurde in einem fort in die sich schnell leerenden Gläser gegossen, man trank "Lechajim! - Zum Leben!" - auf das Wohl des jungen Paares.

Während der langen, mich bloß langweilenden Tischreden, spielten ich mit den anderen Kindern im Schulhof. Dann kamen die "Schewe Broches" - die sieben Segenssprüche für das Brautpaar. Das gemeinsame Tischgebet wurde heute laut und feierlich rezitiert. Mama versuchte, mich nach Hause zu nehmen, doch ich sträubte mich, wollte auf keinen Fall etwas verpassen. Gut, daß sie nachgab, denn jetzt begann es erst richtig lustig zu werden. Die Zigeuner spielten feurige Weisen, ein paar junge Männer bildeten einen Reigen. Bald begannen in einer Ecke auch ein paar Damen zu tanzen, was ich bedeutend interessanter fand. Fleischhauer Wieselmann, den der Wein bereits in Stimmung versetzt hatte, packte mit seinen starken Armen den Bräutigam, hob ihn auf, setzte ihn sich huckepack auf die Schultern und tanzte mit ihm im Kreis - die Gäste klatschten dazu im Takt.

Das hatte den Ehrgeiz der Damen erregt. Ein paar kräftige Frauen hoben die Braut zusammen mit ihrem Sessel in die Höhe und tanzten mit ihr zur Musik - ungeachtet ihrer Angstschreie. Großmama hielt sich vor Angst die Hände vor die Augen, doch das Publikum klatschte wild vor Begeisterung. Ich schrie aus voller Kehle mit, bis ich heiser war. So gut hatte ich mich noch in meinem ganzen Leben nicht amüsiert. Mittlerweile war es spät geworden. Keinen Widerspruch mehr duldend, packte mich Mama fest bei der Hand, und unter Musikbegleitung marschierten wir nach Hause. Da ich - ehrlich gesagt - schon zum Umfallen müde war, ließ ich mich willig zu Bett bringen. Mit Zigeunermusik in den Ohren schlief ich alsbald ein.

Am nächsten Morgen herrschte wieder rege Tätigkeit. Bloß jetzt schleppte man die Sachen vom Chewrehaus zurück nach Hause. Einer nach dem anderen erschienen die Gäste, um sich zu verabschieden. Der Dorffiaker brachte sie zur Bahn - zu meinem Leidwesen durfte ich nicht mitfahren. Tante Theres erschien wieder in einem Alltagskleid, ein buntes Kopftuch bedeckte ihr kurz geschnittenes Haar. Großpapa und Onkel Bennö gingen zusammen ins Geschäft. Auch Papa verabschiedete sich von uns und fuhr zurück nach Wien.

Gegen Mittag erschienen ein paar Zigeunerinnen mit Körben. Großmama füllte sie mit dem übriggebliebenen Essen. Sie bedankten sich überschwenglich. Auch wir Kinder naschten noch tagelang von den verschiedenen Tortenresten. Aber nach ein paar Tagen herrschte im Dorf wieder der gewohnte Alltag. Die Chassene war bloß noch eine schöne Erinnerung. Doch nicht ganz. Nicht lange nach der Hochzeit begann nämlich der Umfang von Tante Theres weiter zuzunehmen. Nach weniger als einem Jahr - im Mai 1928 - brachte sie einen strammen Jungen zur Welt, den kleinen Albert. Fünf Jahre später folgte ihm ein Brüderchen, der kleine Fritz. Beide waren gesunde, reizende Kinder - sie sahen ihrem Vater ähnlich.

Dann kam der Holocaust. Onkel Bennö überlebte Auschwitz, als einziger seiner Familie. Er wanderte nach dem Krieg nach Israel aus und ließ sich in Jerusalem nieder. Als wir uns dort zum ersten Mal wiedersahen, umarmte und küßte er mich nur stumm - die Tränen erstickten seine Worte...

Die Kepores

"Rescheschóne" (Rosch ha'Schaná) - das jüdische Neujahrsfest - fällt gewöhnlich in den September, aber nicht auf denselben Tag, denn der jüdische Kalender folgt bekanntlich dem Mondmonat. Das Fest dauert zwei Tage, die zum Großteil in der Synagoge verbracht werden. Solange ich noch klein war, störte mich das nicht, denn während die Erwachsenen fleißig beteten, spielte ich mit den anderen Kindern im Schulhof oder pendelte zwischen Frauengalerie und Männerschul auf und ab, bis man mich wieder hinausschickte. Doch als ich größer war und beten gelernt hatte, mußte ich brav neben Papa bleiben und mitbeten. Nach einer gewissen Zeit begann ich unruhig zu werden, aber hinaus durfte ich nur, um ein Bedürfnis zu verrichten, was bei mir dann auch ziemlich häufig der Fall war.

Bereits ein paar Wochen vor Rescheschone weckte Schanderl, der Schul(Synagogen)diener - hier "Schammes" genannt - die Leute um 5 Uhr morgens mit drei kräftigen Schlägen seines Holzhammers aufs Haustor, eine ganze Stunde früher als gewöhnlich. Es war noch dunkel, als die Männer und auch einzelne Frauen zur Schul eilten, um "Sliches" zu sagen - das Gebet um Vergebung. Dieses muß nämlich noch vor Tagesanbruch verrichtet werden. Die Hammerschläge und das Aufstehen der Erwachsenen weckten auch mich, aber im süßen Bewußtsein, noch weiterschlafen zu können, drehte ich mich bloß auf die andere Seite. Das "Slichessagen" diente als Vorbereitung für den bevorstehenden Versöhnungstag, an dem den Reuigen sämtliche im Laufe des Jahres begangenen Sünden verziehen werden.

Anläßlich der herannahenden Feiertage begrüßte man einander mit "Lescho-no teuwo!" - ein gutes Jahr. Verwandte, Freunde, Bekannte sandten einander kunstvoll bedruckte Neujahrskarten. Das brachte mich auf die blendende Idee, mein künstlerisches Talent auf diesem Gebiet auszunutzen, vielleicht sogar einen kleinen Gewinn zu machen. Daher begann ich prompt mit der Massenproduktion von Neujahrskarten. Obwohl meine Kunstwerke kaum weniger kitschig waren als die gekauften, handelte es sich dabei um handgefertigte Originale, von denen es auf der ganzen Welt nur ein einziges Exemplar gab. Die Familie konnte sich an meinen Kunstwerken nicht sattsehen, man vergab mir dafür sogar meine jüngsten Streiche.

Jetzt galt es bloß noch, meine kunstvollen Erzeugnisse an den Mann zu bringen. Nachdem ich ein Dutzend Karten fertiggestellt hatte, offerierte ich sie Verwandten und Bekannten für 10 Groschen das Stück - meiner Ansicht nach ein nicht hoher Preis für ein originales Kunstwerk. Aber unverständlicherweise fanden das viele zu teuer, so daß ich zum Schluß die restlichen

Karten für 5 Groschen das Stück verschleudern mußte - nach Neujahr wären sie ohnehin wertlos gewesen. Den Erlös vernaschten Lia und ich. Wie konnte ich damals ahnen, daß mir eine ähnliche künstlerische Initiative in Auschwitz das Leben retten sollte.

Ungefähr eine Woche vor Rescheschone begann im Haus die vor Feiertagen übliche Geschäftigkeit spürbar zu werden. Von früh bis spät wurde gekocht und gebacken, gescheuert, gewaschen, geputzt. Wie immer unter ähnlichen Umständen standen wir Kinder überall im Weg, bis man uns mittels einer süßen Bestechung für eine Weile in den Garten verbannte. Falls es aber regnete, begab ich mich zu Großpapa ins Geschäft, kroch in den Stellagen auf dem staubigen Leder herum, bis ich ganz schmutzig war. Dann gab es Schelte von Mama.

Bei uns war es Sitte, zum Neujahrsfest ein neues Kleidungsstück anzuziehen. Da meine Schabbeshose schon recht fadenscheinig war, sogar stellenweise geflickt, hatte Mama mir bei Grünsfeld eine neue, dunkelgraue ausgesucht - eine praktische Farbe in Anbetracht der zu erwartenden Flecken. Andächtig zog ich sie am Vorabend des Festes an, doch sosehr sich Mama auch bemühte, sie mittels Spannen des Hosenträgers hochzuziehen, hing sie mir dennoch über die Knie. Ich fühlte mich furchtbar lächerlich darin. Vergeblich versuchte Mama mich zu trösten, versicherte mir, daß ich in ein paar Monaten hineinwachsen werde. Nicht in ein paar Monaten - schluchzte ich - *heute* will ich flott aussehen. Ich war schrecklich unglücklich, - bis ich dann mit Papa, Großpapa, Onkel Bennö und Onkel Gabor zur festlich beleuchteten Schul ging. Da bemerkte ich nämlich, daß auch die meisten anderen Kinder ein wenig zu lange Hosen trugen, daß ich also gar keine Ausnahme war. Nun konnte ich mich meines neuen Kleidungsstücks erfreuen.

Da damals die meisten Familien sparsam wirtschaften mußten, kaufte oder nähte man den Kindern immer ein wenig großzügig bemessene Kleidungsstücke - zum Hineinwachsen. Die Folge war, daß sie ihnen erst paßten, wenn sie schon abgetragen waren. Doch sobald sie ihnen zu eng und zu kurz wurden, erbten sie die jüngeren Geschwister - egal, ob sie denen vielleicht noch zu groß waren. Ich hatte das Glück, der Erstgeborene zu sein, so daß ich alles immer zuerst trug - außer wenn ich gelegentlich etwas von einem älteren Cousin erbte. Jetzt meinte ich auch zu verstehen, warum in der Bibel der Erzvater Jakob seinem Bruder Esau das Recht der Erstgeburt für ein Linsengericht abkaufte.

Am Neujahrsmorgen gingen die Männer schon früh zur Schul, ich folgte später mit den Frauen. Am Schabbes oder an anderen Feiertagen hüllten sich die Männer bloß in ihren Gebetschal - den "Talles" (Tallit) -, doch heute trugen die Familienväter darunter einen weißen Kittel mit dazugehörigem weißen Käppchen. Onkel Bennö erklärte mir, der Kittel sei das Sterbekleid des Juden, in dem er einmal begraben wird. Nur am Neujahrsfest und am Versöhnungstag legt man es auch beim Beten an, um an seine eigene Vergänglichkeit zu erinnern. Überhaupt herrschte heute in der ganzen Schul die Farbe Weiß als Symbol der Buße: die weißgekleideten Betenden, der weiße Vorhang vor dem "Oren Keudesch" - der Heiligen Lade -, die in weiße Mäntelchen gekleideten Thorarollen. Auch die meisten Kinder trugen heute weiße Hemden. Mir schien, daß sogar die Gebete heute reiner klangen als sonst.

Nach dem Vorlesen aus zwei Thorarollen - dem "Leinen" - wurde "Scheufer" (Schofar) geblasen. Der Scheufer ist ein urzeitliches Blasinstrument, das aus dem gekrümmten Horn eines Widders gefertigt wird. Das Blasen mußte anstrengend sein, denn Kantor Taube wurde dabei feuerrot im Gesicht. Er brachte abwechselnd traurig klagende, dann wieder freudig schmetternde Töne hervor, die einem durch Mark und Bein gingen. Nach dem Blasen stimmte die ganze Gemeinde ein lautes Gebet an. So ging es weiter während des ganzen Gottesdienstes - lautes Beten, leises Beten, wieder lautes, dann leiseres - wie mir schien, ohne Ende. Ich wurde zusehends unruhiger, begann auf dem Sitz hin- und herzurutschen, bis sich die Umsitzenden ärgerlich nach mir umwandten. Das brachte Papa in Verlegenheit; so daß er mich notgedrungen hinausschickte. Erleichtert stürmte ich in den Schulhof, wo ich nun freudig den anderen Kindern herumtobte.

Mein Freund Mati, der Sohn des Kantors, hatte einen gebogenen Ast aufgeklaubt, der fast wie ein Scheufer aussah. Unter starkem Pusten gab er vor, darauf Töne hervorzubringen wie sein Vater am wirklichen Schofar. Er machte das so gut, daß man meinen konnte, die Laute kämen aus dem Holz. Großzügig ließ er es auch mich versuchen, doch mir gelangen bloß ein paar klägliche Laute. Scheuferblasen war also nicht meine Stärke.

Erst am frühen Nachmittag - viel später als an einem Schabbes - begannen die Leute, aus der Schul zu strömen. Ich war schon müde vom Herumrennen, mein weißes Hemd war seit langem nicht mehr weiß, meine Knie schmutzig und aufgeschlagen. Papa schüttelte warnend seinen Finger: "Wart' nur, bis Mama dich so sieht!" Doch Mama, die gerade mit dem Tischdecken voll beschäftigt war, begnügte sich diesmal mit einen vernichtenden Blick.

Nach einer ausgiebigen Mahlzeit folgte eine kurze Ruhepause. Dann ging man gemeinsam zum Bach, um "Taschlech" (Taschlich, "Du wirst werfen", d.h. die Sünden in die Fluten, Micha 7,19) zu sagen. Bei diesem Gebet wirft man ein paar Brotreste ins Wasser, die wie die vergebenen Sünden im fließenden Bach weggespült werden. Dann ging es wieder zur Schul zum Abendgebet. So vergingen zwei endlose Tage, bis ich es kaum mehr erwarten konnte, meinem geliebten Reifen nachjagen zu dürfen, zu zeichnen, oder auf meiner neuen Mundharmonika zu spielen - Tätigkeiten, die sowohl am Schabbes als auch an Feiertagen strengstens verboten waren.

Schon früh im Leben entdeckte ich eine wichtige Weisheit: Zuerst freut man sich auf herannahende Feiertage, und wenn sie dann da sind, erwartet man sehnlich ihr Ende. Sind sie dann endlich vorbei, beginnt man sich stracks auf das nächste Fest zu freuen, und so weiter und so fort. Dasselbe gilt auch für die Schulferien - wie überhaupt für alles im Leben.

Eine Woche darauf folgte Jom Kippur, der Versöhnungstag - der heiligste Tag im jüdischen Kalender. Zwischen dem Neujahrsfest und dem Versöhnungstag liegen die zehn Bußtage. An diesen wird zwar normal gearbeitet, doch mehr als gewöhnlich gebetet. Ein paar Tage vor Jom Kippur beginnt wieder eine große Kocherei, denn obwohl ja an diesem Tag gefastet wird, gibt es am Vorabend eine ausgiebige Mahlzeit sowie eine etwas leichtere am Abend nach dem Fasten. Da am Jom Kippur jede Arbeit verboten ist und auch die Frauen den ganzen Tag im Schul verbringen, muß alles vorher zubereitet werden.

Und dann kam der gefürchtete "Erew Jom Kipper" (Kippur), der Vorabend des Versöhnungtages, dem Lia und ich jährlich mit wachsendem Grauen entgegen sahen. Der Grund unserer Angst war das bevorstehende "Kepore-Schlagen". Zu diesem Zweck wurde für jedes männliche Familienmitglied ein Hahn, für jedes weibliche eine Henne, vorbereitet - die sog. "Kepores" (Kapparot v. kappara, Sühnung einer Schuld). Uns Kindern dienten die Tiere der Erwachsenen. Schon am frühen Morgen hockten die armen Viecher mit gebundenen Füßen in einer Ecke auf dem Küchenboden. Immer wieder wanderte mein Blick zu ihnen, ihre unschuldigen Augen - ich hörte ihr leises Gackern. Wenn ihr wüßtet, was euch heute bevorsteht! - dachte ich schaudernd.

Gleich nach dem Frühstück kam der gefürchtete Augenblick: Großpapa nahm ein Hähnchen bei den gebundenen Füßen, schwang es, Kopf nach unten, im Kreis über meinen Kopf, während er ein Gebet zitierte. Ich kam dabei fast um vor Angst. Dann nahm er eine Henne und schwang sie über Lias Kopf. Mittels dieser Prozedur - so hatte mir Onkel Bennö erklärt - übertragen sich unsere Sünden auf das unschuldige Federvieh. Die Erwachsenen führten das Kepore-Schlagen selbst aus. Nach einer Weile begann es in der Küche nach Hühnerkot zu stinken - oder waren das bloß unsere Sünden?

Als alle fertig waren, nahm Mitzi die Hühner an den gebundenen Füßen, drei in jeder Hand, und brachte sie zu Kantor Taube, der außerdem noch als "Scheuchet" - ritueller Schlachter (Schächter) - fungierte. Heute herrschte bei ihm natürlich Hochbetrieb. Nach einer Weile kehrte sie mit dem geschlachteten Geflügel zurück; die Köpfe baumelten von den blutigen, durchschnittenen Hälsen, die Flügel hingen schlaff hinab. Ihr Anblick erfüllte mich mit unbeschreiblichem Ekel. Sosehr ich mich bemühte, nicht hinzuschauen, zog es dennoch meinen Blick in ihre Richtung. Weinend protestierte ich bei Mama, um keinen Preis von dem mit Sünden verunreinigten Fleisch zu essen. Doch sie war nicht beeindruckt: "Dann wirst du eben nichts zu essen bekommen!" Jetzt begannen Mitzi und Tante Theres mit dem Rupfen. Bald flogen überall bunte, flaumige Federn herum. Wie besessen flüchteten Lia und ich aus der Küche.

Das Grauen steckte mir noch lange in allen Gliedern. Ich gelobte, mein ganzes Leben lang kein Hühnerfleisch mehr zu essen - auch wenn es nichts anderes geben sollte. Aber infolge meines notorisch schwachen Charakters blieb es auch in diesem Fall nur beim Vorsatz. Noch nächtelang erschienen mir im Traum die armen Tiere mit den blutigen, aufgeschlitzten Hälsen. Anklagend blickten mich ihre unschuldigen Augen an.

Papa hatte mir erklärt, heute müsse jeder seinen Nächsten um Verzeihung bitten, denn der liebe Gott vergibt unsere Sünden erst, wenn unsere Mitmenschen uns die gegen sie begangenen verziehen haben. Daher mußte ich heute alle Familienmitglieder und nahen Bekannten um Verzeihung bitten, auch wenn ich mir keines Vergehens bewußt war. Das tat ich sehr gerne - im Gegensatz zum verhaßten Kepore-Schlagen. Sogar die zahlreichen verabreichten Busserln nahm ich gnädig in Kauf, ganz besonders das von Mitzi. Zu meiner tiefen Enttäuschung mußte ich feststellen, daß *mich* niemand um Verzeihung bat, obwohl mir meines Erachtens nach oft Unrecht zugefügt worden war! So sind eben die Erwachsenen - sie denken nur an sich!

Frisch gewaschen und festlich gekleidet, setzte man sich gegen vier zu Tisch, zur letzten Mahlzeit vor dem Fasten. Kategorisch weigerte ich mich, ein Stück Hendl anzurühren. Sich meiner erbarmend, brachte mir Mama ein Faschiertes aus der Küche, denn nach dem Tischgebet durfte nicht mehr gegessen werden. Im ganzen Haus herrschte heute eine feierliche Stimmung. Bevor es zur Schul ging, wünschte man einander alles Gute und ein leichtes Fasten. Großpapa segnete uns Kinder.

Der Gottesdienst dauerte heute abend bedeutend länger als am Schabbes. Da uns daheim keine Mahlzeit erwartete und es obendrein im ganzen Haus stockdunkel war, ging man gleich zu Bett. Am nächsten Morgen erhielten bloß Lia und ich ein bescheidenes Frühstück. Die Männer waren schon seit langem im Schul, als wir mit Mama hinkamen.

Mir fiel auf, daß heute viel inniger als sonst gebetet wurde. Die Männer hatten wieder ihren weißen Kittel an, wie am Neujahrsfest. Eine Zeitlang blieb ich neben Papa sitzen, dann stattete ich Großpapa einen Besuch ab, danach Onkel Gabor. Dieser ging öfters hinaus - um ein wenig Luft zu schnappen, wie er sagte. Zum Schluß sah ich mich noch nach Onkel Bennö um, dem das Fasten nicht genügte, sondern der sich auch während des ganzen Gottesdienstes nicht hinsetzte - nicht ein einziges Mal. Er ist sicher der Frömmste in der Gemeinde, dachte ich bewundernd.

Nach einer Weile hatte ich von den Männern genug und erstieg die Treppe zur Frauenabteilung. Hier duftete es gut nach Parfüm. Mama und Tante Theres beteten fleißig, doch nebenbei wurde ziemlich munter getratscht. Weiber! - dachte ich verächtlich. Zwar kam das auch bei den Männern vor, aber nicht so oft und doch ein wenig zurückhaltender. Ein mit Gewürznelken gespickter Apfel wurde jetzt von Hand zu Hand gereicht; alle beschnupperten ihn andächtig. Mama ließ auch mich daran riechen - er erleichtere das Fasten, meinte sie. Lia gefiel es bei den Frauen besser, ich kehrte zu den Männern zurück.

Gegen Mittag nahm uns Mama zum Füttern nach Hause. Meinem Gelübde getreu rührte ich die kalte Hendlkeule nicht an, sondern begnügte mich mit Erdäpfelpüree und Kompott. Mama klagte über Kopfweh - das hatte sie oft, sogar wenn sie nicht fastete. Sie und Lia legten sich ein wenig hin, während ich Mitzi Gesellschaft leistete. Sie erzählte mir ein paar Geschichten, die ich aber schon gehört hatte. Ich gähnte in einem fort - wollte denn dieser Tag überhaupt kein Ende nehmen?

Spät nachmittags gesellte ich mich wieder zu Papa in die Schul. Er mußte sicher schon sehr hungrig sein, der Arme. Eine kleine Büchse mit Schnupftabak machte die Runde. Neugierig roch ich daran und begann prompt krampfhaft zu niesen - kaum konnte ich wieder aufhören. Das Beten wurde nun lauter, inbrünstiger - man schlug sich oft mit der Faust auf die Brust. Endlich - es war schon dunkel - endete der Fasttag mit einer schmetternden Fanfare aus dem Scheufer (Schofar). Man wünschte einander: "Leschono habo Berüscholajim! - Nächstes Jahr in Jerusalem!" - Die Männer zogen eiligst Talles und Kittel aus, alles eilte jetzt nach Hause - erleichtert, den schweren Tag hinter sich zu haben und wieder etwas in den Magen zu bekommen. Aber außerdem war man natürlich sehr erleichtert, sämtliche Sünden losgeworden zu sein.

Zu Hause erwartete uns bereits ein mit allem Guten gedeckter Tisch. Es gab eingemachte Heringe, Barches, Kuchen, Sliwowitz, Kaffee, Kakao, Obst. Ich stürzte mich auf das Essen, als ob auch ich gefastet hätte. Alle waren guter Stimmung, genossen Speise und Trank, Onkel Bennö konnte sich wieder hinsetzen. Nur Mama behielt weiter ihren feuchten Umschlag auf der Stirn - ihre Migräne plagte sie noch immer. Lia war schon im Bett, mir erlaubte man gnädig, ein wenig länger aufzubleiben. Überhaupt herrschte heute abend eine versöhnliche, nachgiebige Stimmung im Haus.

Am allermeisten war ich froh, das grauenhafte Kepore-Schlagen hinter mir zu haben, wenigstens bis zum nächsten Jahr. Alles erschien mir jetzt viel rosiger. In fünf Tagen kam "Sükkes" (Sukkót) - das Laubhüttenfest -, dann der fröhliche "Simches Teure" (Simchat Tora, Fest der Tora-Freude). Und danach ging es wieder nach Hause, nach Wien - und zurück zur Schule.

Die Schul

Das Laubhüttenfest

Die wichtigsten jüdischen Feiertage sind im Herbst - Mitte September, Anfang Oktober - und fallen, wie das jüdische Neujahr, jedesmal auf ein anderes Datum. Der jüdische Kalender richtet sich bekanntlich nach dem kürzeren Mond-jahr, weswegen jedes vierte Jahr ein Schaltmonat eingefügt werden muß. Dem Versöhnungstag folgt im übrigen schon nach fünf Tagen das Laubhüttenfest - "Sükkes" (Sukkót, Hütten).

Sükkes war unser liebstes Fest - sicher auch das interessanteste. Vor dem Feiertag errichtete jede Familie eine Laubhütte. Deren Wände konnten aus Ziegeln, Brettern, Decken, Leintüchern oder aus jedem beliebigen Material be-stehen, bloß das Dach mußte aus Laub sein - nur so war die Sükke "koscher". Acht Tage lang mußten sämtliche Mahlzeiten in ihr eingenommen werden - be-sonders fromme Leute, wie unser Onkel Bennö, schliefen sogar darin, wie es die Bibel vorschreibt. Das war bei trockenem Wetter kein Problem, doch begann es zu regnen - was im Herbst ja normal ist -, dann mußte man ins Haus flüchten. Aber nicht wir, uns vermochte der Regen nichts anzuhaben, wir konnten trocken in unserer Sükke verweilen. Wie? Das ist wieder ein klassisches Beispiel jüdischer Genialität.

Im Garten der Großeltern befand sich nämlich ein Backsteinhäuschen mit zwei Fenstern und einer Tür, der uns Kindern während des Sommers als Spielraum diente. Das Dach bestand aus einem offenen hölzernen Gitterwerk, das zwei große Dachplatten bedeckten. Mittels je zwei langer Pfähle wurden diese ein paar Tage vor dem Fest hochgeklappt, das Gitterwerk mit einer Schicht frischer Tannenzweige bedeckt, und im Nu wurde aus dem Gartenhäuschen eine vorschriftsmäßige Sükke. Begann es aber zu regnen, klappte man bloß die Dachplatten herunter und konnte nun gemütlich seine Mahlzeit im Trockenen fortsetzen. Und wer nachts in der Sükke schlief, wie der fromme Onkel Bennö, lief nicht Gefahr, morgens naß aufzuwachen.

Aber am aufregendsten war das Schmücken der Sükke. Jede Familie versuchte ehrgeizig, alle anderen zu überbieten, denn am zweiten Tag des Festes zog eine Jury von einer Sükke zur anderen, und die schönste wurde preisgekrönt. Da dieses Dekorieren fast ausschließlich die Aufgabe der Kinder war, befand ich mich hier ganz in meinem Element. Zuerst galt es aber, die nötigen Materialien bereitzuhaben - vor allem buntes Papier. Selbstverständlich begab ich mich unverzüglich zu meinem alten Bekannten, dem Drucker Kraus, der mich ja ohnehin regelmäßig mit Papier zum Zeichnen versorgte. Doch siehe da, diesmal hatte ich Konkurrenz, denn das halbe Dorf pilgerte heute zu ihm, um bunte Streifen zu erbetteln. Keiner ging ganz leer aus, aber in Anbetracht unserer alten Freundschaft schnitt Herr Kraus besonders für mich ein paar Bogen farbigen Papiers in schmale Streifen. Unter den neidischen Blicken der anderen trug ich meinen Schatz nach Hause.

Zusammen mit Lia - die Grünsfeld Mädchen waren mit ihrer eigenen Sükke beschäftigt - klebte ich endlose Papierketten. Um sie prunkvoller zu gestalten, erbettelte ich mir im Austerlitz-Laden einen Bogen Silberpapier. Gerne nahm ich dafür ein paar feuchte Busserl von Tante Jenni in Kauf. Am Vortag des Festes kam auch noch Papa aus Wien, und gemeinsam beendeten wir das Dekorieren. Papa war auf diesem Gebiet Fachmann, denn in seiner Jugend war er eine Zeitlang als Schaufensterdekorateur tätig. Ich hatte auch noch ein paar bunte Bilder gemalt, die wir nun an die Wände hängten. Nachmittags - wir waren gerade fertig geworden - mußten wir das Feld den Frauen räumen. Gemeinsam wurde der Eßtisch hereingetragen und für die Abendmahlzeit festlich gedeckt.

Obwohl unsere Dekoration allgemein gelobt wurde, reichte es nicht zum erstrebten Preis. Ich war natürlich tief enttäuscht. Was hatte ich falsch gemacht? Standen den anderen Kindern aufwendigere Mittel zur Verfügung? Oder erhielten sie mehr Hilfe von den Erwachsenen? Wer weiß - meinte Papa halb im Spaß -, vielleicht hatten sie die Jury bestochen.

Um das Laubhüttenfest allen Vorschriften gemäß feiern zu können, bedarf es außer einer Sükke noch zwei wichtiger Requisiten: Eines Palmzweiges - "Lülew" genannt - und einer gelbgrünen, zitronenähnlichen Frucht - der sog. "Esreg" (Esrog). Der Lülew war dünn, lang und biegsam, mit einem aus Schilf geflochtenen Griff. Der Esreg wurde sorgfältig in Hanf gewickelt und in einer für diesen Zweck bestimmten Büchse aufbewahrt - wenn nicht gerade beim Beten benutzt. Da Lülew und Esreg nur in südlichen warmen Ländern gedeihen und hier nicht billig verkauft wurden, galten sie gewissermaßen als ein Statussymbol. Wohlhabende Leute konnten sich eine teure, makellose Frucht leisten, ärmere mußten mit einem weniger vollkommenen Exemplar vorliebnehmen.

Die erste Mahlzeit in der Sükke war jedesmal ein großes Erlebnis. Nachdem die Männer von der Schul heimgekehrt waren, begab man sich in die aufgeputzte, nach frischem Tannenzweigen duftende Sükke und setzte sich zum festlich gedeckten Tisch. Tante Theres, Mama und Mitzi schleppten große Schüsseln mit Essen den langen Weg vom Haus, durch Hof und Garten. Man wusch sich die Hände, Großpapa machte Kidesch. Heute gab es knusprige runde Mohn-Barches, Nudelsuppe, Gänsefleisch mit Kastaniensoße. Zum Nachtisch wurde Zwetschgen-Kompott serviert, mit Bolessen - ein mit Nüssen gefülltes Hefegebäck, das ich überaus liebte. Der Duft der Tannenzweige, der bunte Schmuck, die gute Stimmung - das alles war so festlich, so romantisch. Nach dem Tischgebet mußte das ganze Geschirr wieder ins Haus zurückgetragen werden. Ich half brav mit, doch vorsichtshalber ließ mich Mama nichts Zerbrechliches tragen.

Am nächsten Morgen begleitete ich die Männer zur Schul. Großpapa, Onkel Bennö und Papa trugen stolz Lülew und Esreg. Onkel Gabor und Tante Irenke verbrachten das Fest bei Tante Irenkes Eltern in Budapest. Auch die Schul war heute mit Blumen und Laub geschmückt, das Festgebet - das "Hallel" - wurde besonders schön gesungen, man schüttelte dabei den Lülew in die vier Himmelsrichtungen sowie nach oben und unten. Natürlich prahlte jeder mit seinem Esreg und erzählte stolz, wieviel er dafür bezahlt hatte. Unter Großpapas Anleitung sagte auch ich den besonderen Segen - das sogenannte "Lülewben-schen" - und schüttelte den Palmenzweig vorschriftsmäßig in sämtliche Richtungen.

Die ersten beiden Tage des Festes waren Ruhetage, an denen nicht gearbeitet werden durfte. Aber im Gegensatz zum Schabbat war das Kochen erlaubt, auch das Rauchen - jedoch weder Zeichnen, noch Mundharmonika- oder Reifenspielen. Auf diese beiden Feiertage folgten fünf Halbfeiertage - "Chalemeud" -, an denen bloß halbtags gearbeitet wurde. Dann kamen wieder zwei volle Ruhetage. Wie gesagt, mußten während des Festes sämtliche Mahlzeiten in der Sükke eingenommen werden, was einerseits stimmungsvoll war, andererseits jedoch die Frauen viel Anstrengung kostete. Obwohl Onkel Bennö und ich beim Tragen mithalfen, war ich dennoch recht froh, nicht als Frau zur Welt gekommen zu sein.

Der letzte Feiertag war etwas ganz Besonderes - "Simches Teure", das Fest der Freude an der Thora. An diesem frohen Tag beendet man nämlich die Lesung der fünf Bücher Moses, von denen an jedem Schabbat ein Abschnitt vorgelesen wird, und dieses wichtige Ereignis wurde heute gebührend gefeiert. Sämtliche Thorarollen, in Samtmänteln gekleidet und mit silbernem Schmuck behängt - ich glaube, es war ein ganzes Dutzend -, wurden heute aus der heiligen Lade genommen und in feierlicher Prozession durch die Schul getragen. Nach jeder Runde hielt der Umzug an und man sang und tanzte dazu. Der Fleischhauer Wieselmann, ein großer kräftiger Mann, hob eine schwere Thorarolle wie eine Feder in die Luft, tanzte mit ihr im Kreis und sang dazu mit seinem tiefen Baß. Stolz begleitete ich Großpapa, der ebenfalls eine Thorarolle trug. Beim Vorübergehen küßten alle ehrfürchtig deren Samtmantel.

Zum Schluß versammelte man alle Kinder am "Almemor" - der Bühne, wo aus der Thora vorgelesen wird -, ein großer Gebetschal wurde wie ein Baldachin über uns gehalten, und Kantor Taube stimmte einen Segen an. Anschließend wurde heute auch noch ein besonderes Gebet zum Gedenken an die Verstorbenen gesagt - das "Masker" - doch wir Kinder sowie alle, deren Eltern noch lebten, mußten währenddessen die Schul verlassen. All das nahm natürlich viel Zeit in Anspruch und verlängerte den Gottesdienst beträchtlich. Ich war schon recht hungrig, als wir uns zum Mittagstisch setzten. Übrigens durfte heute zum erstenmal wieder im Haus gegessen werden - sehr zur Freude der Frauen, die nun ohne Geschirrschleppen die Mahlzeit genießen konnten.

Auch der schönste Tag geht einmal zu Ende, sogar Simches Teure. Am nächsten Morgen herrschte im Dorf wieder der gewohnte Alltag. Doch auch der hatte seine hellen Seiten, denn die zahlreichen Tätigkeiten, die am Feiertag verboten waren - Fußballspielen, Zeichnen, Reifenrennen, Mundharmonikaspielen - sind ja am Alltag erlaubt. Wie schätzte ich das nun!

Im Laufe der Zeit lernte ich mehr vom Dorf kennen - besonders die jüdische Dorfmitte, in der wir wohnten. Hier befanden sich sämtliche Geschäfte - sie dienten natürlich auch der christlichen Bevölkerung. Ganz am Anfang der Hauptstraße - an der Ecke, nahe der Einfahrt zum Esterhazy-Schloß - befand sich die Dorfapotheke, dann kam die Damenschneiderei der Familie Löffler, weiter unten die Spezereihandlung von Jakob Löbl. Nun kam die Druckerei Kraus und nebenan das Kurzwarengeschäft der Familie Austerlitz. Am Hauptplatz residierte stolz Pepi Kohns Tabak-Trafik.

In unserer Gasse, der Berggasse, befand sich gleich am Anfang die Bäckerei Kohn, wo auch die leeren Sodawasserflaschen wieder gefüllt wurden, etwas weiter, auf derselben Seite, die Textilhandlung der Familie Grünsfeld, ihr gegenüber das Ledergeschäft von Großpapa, nebenan ein wenig weiter das kleine Café der Familie Leitner, und ein schönes Stück bergauf die Fleischhauerei und Gastwirtschaft von Familie Wieselmann. Ganz bestimmt habe ich ein paar Geschäfte vergessen - was nach so langer Abwesenheit nicht verwundern darf.

Die christliche Bevölkerung Lackenbachs ernährte sich hauptsächlich von der Landwirtschaft. Jeden Donnerstag früh wurde auf dem Hauptplatz Wochenmarkt gehalten. Die Bäuerinnen boten hier ihre frischen Erzeugnisse zum Verkauf an: Hühner, Gänse, Eier, Butter, Gemüse, Obst. Sehr gerne begleitete ich Großmama und Mitzi beim Einkaufen. Nur wenn ich Hühner mit gebundenen Füßen am Boden liegen sah, erinnerte mich das mit Schaudern an das Kepore-Schlagen. Verkaufer und Käufer kannten einander, man plauschte angeregt, feilschte manchmal ein wenig. Gelegentlich schenkte mir eine freundliche Bäuerin einen roten Apfel, eine saftige Birne, ein paar Trauben. Schwerbeladen kehrten wir dann immer nach Hause zurück.

Eines Tages - ich wollte gerade wie gewohnt in den Schulhof spielen gehen - befahl mir Mama, zu Hause zu bleiben. Auf meine verwunderte Frage antwortete sie bloß, es gebe heute ein christliches Begräbnis. Zuerst spielte ich mit Lia im Hof, doch die Neugierde trieb mich zum Fenster - wenigstens von weitem wollte ich den Leichenzug sehen. Nach einer ganzen Weile kam er in Sicht. Voran schritt der Pfarrer, in prächtige Kirchentracht gekleidet, gefolgt von zwei Chorknaben in weiß, die jeder ein großes Kreuz trugen. Eintönig rezitierten sie im Gehen ein lateinisches Gebet. Hinter ihnen zogen zwei dunkle Pferde den Wagen mit dem blumenbedeckten Sarg, dem die schwarz gekleideten Trauernden folgten. Die Prozession bewegte sich langsam bergauf, der Kirche und dem Friedhof zu. Bald war sie außer Sicht.

Onkel Bennö erklärte mir später, bei den Christen sei es Brauch, sich beim Anblick eines Leichenzugs zu bekreuzigen. Da uns die jüdische Religion dies verbietet, bemühen wir uns, solchen Begegnungen möglichst auszuweichen. Es war mir bereits aufgefallen, daß sich die meisten Leute beim Passieren einer "Mutter Gottes" - wie man sie häufig am Straßenrand findet - fromm bekreuzigen. Nach Onkel Bennös Erklärung machte ich vorsichtshalber einen weiten Bogen um solche Heiligenbilder oder -schreine.

Obwohl Juden und Christen in Lackenbach getrennt lebten, jeder in seinem Gotteshaus und auf seine Weise betete, schien man einander zu respektieren. Erst nach dem Anschluß 1938 änderte sich das schlagartig: Die Juden wurden ihres Besitzes enteignet, aus ihren Häusern, aus dem Dorf vertrieben, die Synagoge niedergebrannt. Wem es nicht gelang, rechtzeitig ins Ausland zu entkommen, der wurde in ein Vernichtungslager deportiert. Nur wenige überlebten den Holocaust - keiner kehrte nach Lackenbach zurück.

Eines Sommers - ich war vor kurzem sechs Jahre alt geworden -, standen wir vor einem Problem: Ich war jetzt schulpflichtig und mußte in eine Schule eingeschrieben werden. Da der Unterricht bereits Anfang September beginnt, wir aber die ganzen Feiertage, einschließlich Sükkes, in Lackenbach verbringen wollten, mußte ich meine Schullaufbahn hier beginnen. Wie in den meisten Gemeinden im Burgenland besuchten auch hier die jüdischen Kinder eine separate Schule. Mit Schiefertafel und Griffel ausgerüstet, geleitete mich Mama eines Morgens zur Schule am Chewreplatz, wo auch der Scholetofen untergebracht war, und schrieb mich bei Lehrer Band in die erste Klasse ein.

Herr Band, ein älteres dürres Männchen mit einem dünnen Schnurrbart, war fast taub. Dafür war er aber streng - während des Unterrichts duldete er keinen Lärm. Wer störte, mußte die Hand hinhalten und erhielt darauf einen Hieb mit einem dünnen Stock. Natürlich zog jeder instinktiv die Hand zurück, doch Lehrer Band gab nicht auf - er wiederholte die Prozedur solange, bis der Hieb richtig saß.

Wir lernten sowohl das deutsche als auch das hebräische Alphabet. Dank meiner zeichnerischen Begabung, malte ich die schönsten Buchstaben in der Klasse. Eine Schiefertafel ist bestimmt weit umweltfreundlicher als Papier - sie kann abgewischt und unbegrenzt benutzt werden -, doch meine zeichnerischen Kunstwerke gingen dadurch der Nachwelt verloren. Auf jeden Fall war ich in der Schule bedeutend erfolgreicher als auf dem Fußballplatz. Das schaffte mir nun endlich ein wenig Respekt bei den anderen Kindern. Kein Wunder also, daß mir nun das Lernen mehr Spaß machte als das Fußballspielen. Auch später in Wien ging ich gerne zur Schule, blieb auch dort ein guter Schüler - in der dritten Klasse avancierte ich sogar zum Klassenbesten.

Die Feiertage waren nun vorüber, ein paar Tage nach Simches Teure endeten auch unsere Sommerferien. Das Wetter begann herbstlich zu werden, es regnete öfter, draußen wurde es zusehends kälter. Bald hieß es Abschied nehmen von Lackenbach. Die Koffer wurden wieder gepackt, Großmama bereitete Reiseproviant vor. Eines schönen Morgens fuhr wieder der Fiaker vor, unser Gepäck wurde aufgeladen, wir wurden zum letzten Mal abgeküßt, und los ging es zum Bahnhof. So sehr ich die Ferien in Lackenbach liebte, freute ich mich auch auf unsere Abreise. Denn erstens konnte man ohnehin kaum mehr im Freien spielen, zweitens sehnte ich mich nach so langer Abwesenheit wieder nach der Großstadt, nach dem Verkehr, dem Prater, den schönen Auslagen. Aber als erstes freute ich mich auf die lange Reise mit der Eisenbahn.

Unser Haus

Das Preisausschreiben

Was die Ferien betrifft, war Lackenbach unschlagbar. Der ganztägige, unbeschränkte Aufenthalt im Freien, die gute Luft, das große Haus mit dem Garten, die vielen Freunde - war das nicht herrlich? Ganz bestimmt, doch auch Wien war nicht zu verachten, besonders im Winter. Erstens ging ich gerne zur Schule und hatte dort gute Freunde, zweitens genoß ich Spaziergänge in der inneren Stadt, bewunderte die eleganten Schaufenster, die vielen Autos. Drittens freute ich mich die ganze Woche auf unseren sonntäglichen Ausflug mit Papa in den Prater, auf unsere Schulausflüge in den Wienerwald - kurz gesagt, Lackenbach war ein Paradies während des Sommers, Wien eines für den Winter.

Leider waren unsere wirtschaftlichen Verhältnisse alles andere als paradiesisch. Mit dem Zusammenbruch der Weingroßhandlung meines väterlichen Großvaters in Budapest und Klosterneuburg verlor Papa seine Stellung. Ich hörte, wir seien "insolvent". Obwohl ich noch nicht verstand, was das bedeutet, ahnte ich, daß es nichts Gutes sein konnte. Wir waren gezwungen, aus unserer geräumigen Wohnung in der Grünentorgasse in eine ärmliche Einzimmerwohnung in der Löwengasse gleich neben dem Radetzkyplatz umzuziehen. Ein ansonsten freudiges Ereignis machte die Situation noch schlimmer, denn gerade damals kam mein Brüderchen Maxi zur Welt. Papa, Mama, Lia, ich und das neugeborene Baby wohnten nun zusammengepfercht in einem Zimmer und einer winzigen Küche. Von einem Badezimmer war natürlich keine Rede, doch das Schlimmste war, daß sich das Klo am Korridor befand. Wir teilten es mit mehreren Familien - was unter Umständen sehr peinlich werden konnte und gar nicht selten zu Streit führte.

Allerdings waren wir keine Ausnahme, denn in ganz Wien herrschte damals eine unbeschreibliche Wohnungsnot. Daß noch Tausende Familien in ähnlichen Verhältnissen lebten, nicht selten in noch schlechteren, war leider nur ein schwacher Trost. Wie wir es in dieser Behausung drei oder vier Jahre lang aushielten, ist mir bis zum heutigen Tag ein Rätsel geblieben. Anscheinend gewöhnt sich der Mensch mit der Zeit an alles.

Da wir religiös waren, besuchte ich die jüdische Schule in der Malzgasse, im II. Bezirk. Das war so weit, so daß man mit der Straßenbahn fahren mußte. Doch ich war noch zu klein, um allein zu fahren, also brachte mich Papa morgens zur Schule und holte mich mittags wieder ab, Tag für Tag - außer Samstag, an dem in der jüdischen Schule nicht unterrichtet wurde. Dagegen lernte man bei uns am Sonntag, wenn die anderen Schulen geschlossen waren. Am

Anfang machte mir die Fahrt noch Spaß, doch bald wurde sie zur Last - schon weil ich ihretwegen viel früher aufstehen mußte. Wie beneidete ich die Kinder, die in der Nähe der Schule wohnten und mittags gleich zu Hause waren, während ich manchmal lange vor dem Schultor allein und verlassen auf Papa warten mußte! Erst als ich zehn Jahre alt war, durften Lia und ich unbegleitet fahren - denn mittlerweile besuchte auch meine um zwei Jahre jüngere Schwester dieselbe Schule.

Wie gesagt, ging ich gerne zur Schule - fühlte mich dort sogar wohl. Denn erstens war es in unserer kleinen Wohnung furchtbar eng, zweitens fiel mir das Lernen leicht - ich war immer ein guter Schüler -, drittens kam ich in der Klasse mit anderen Kindern zusammen, hatte dort meine engsten Freunde. Zu Hause machte ich bloß meine Aufgaben, spielte mit Lia und dem Baby, oder wir gingen mit Mama auf der Kai-Promenade spazieren. Abends blickte ich vom Fenster auf die Straße, beobachtete die vorübereilenden Leute, den Taxistand uns gegenüber. Jeden Abend kam der Laternenmann mit einer langen Stange und entzündete damit die Gaslampen. Über den nahen Radetzkyplatz führte ein Eisenbahn-Viadukt, von dem ständig das Pusten und Zischen der Rangierlokomotiven hörbar war. Zum Zeitvertreib versuchte ich, diese Laute nachzuahmen, so wie die Geräusche der abfahrenden Taxis. Nach einigem Üben brachte ich es darin zu einer gewissen Virtuosität - wie man mir allgemein versicherte.

Fast hätte ich Frau Schorr, unsere Nachbarin, vergessen. Sie war eine junge, lebhafte Person, aber ziemlich viel allein, denn Herr Schorr kam gewöhnlich spät nach Hause. Sie befreundete sich mit Mama, doch uns Kinder schloß sie ganz besonders in ihr großes Herz - ihrem Busen nach vermutete ich nämlich, sie habe auch ein dementsprechendes Herz. Lia und ich hielten uns oft und gerne bei ihr auf, was Mama nur recht war, denn dann konnte sie in Ruhe ihrer Arbeit nachgehen. Auch wir liebten Frau Schorr sehr, obwohl sie mich manchmal so fest an sich drückte, daß mir fast der Atem ausging. Es gab bloß ein Problem: wir durften bei ihr nicht essen, denn die christliche Frau Schorr - nur ihr Mann war Jude - führte natürlich keinen koscheren Haushalt. Dessen ungeachtet steckte sie uns ab und zu ein Stückchen Schokolade oder Kuchen in den Mund, was wir schon höflichkeitshalber nicht zurückweisen konnten.

Noch etwas zog mich dorthin: Die Schorrs besaßen nämlich ein Grammophon - damals noch etwas nicht Alltägliches -, und ich liebte Musik. Wenn Frau Schorr mit ihrer hellen Stimme zu den Klängen aus dem großen Trichter sang, konnte ich mich nicht satt hören. Und da wir Kinder nicht unbegleitet auf die Straße durften, aber Mama viel mit dem Baby beschäftigt war, nahm uns Frau Schorr auf ihre kleinen Besorgungen mit. Natürlich gab es dann auch immer eine Kleinigkeit zu naschen.

Während des ganzen Winters gibt es im jüdischen Kalender nur zwei Feste - "Chanukka" und "Purim". Gegen Mitte Dezember kam Chanukka, unser achttägiges Fest der Lichter. Wie alle jüdischen Feste, fällt es jedesmal auf ein anderes Datum - meistens noch vor Weihnachten. An Chanukka darf gearbeitet, gefahren, gekocht werden - wie an gewöhnlichen Wochentagen -, doch am ersten Abend entzündet man auf der "Meneure" (Menoráh, besser 'Chanukkia') - dem besonderen achtarmigen Leuchter - eine Kerze, am zweiten Abend zwei, und so weiter, bis zum Schluß acht Kerzen brennen. Die Lichter werden mittels einer besonderen Kerze angezündet, dem sog. "Schammes" - zu deutsch: Diener.

Im Religionsunterricht in der Schule hatten wir die Bedeutung des Festes gelernt. Als die Makkabäer unter ihrem Anführer Juda Makkabäus vor über 2000 Jahren die Griechen besiegten, Jerusalem und den heiligen Tempel zurückeroberten, fanden sie dort nur ein kleines Krüglein geweihten Öls, das normalerweise kaum einen Tag für den heiligen Leuchter gereicht hätte. Doch siehe da, ein Wunder geschah, und das bißchen Öl brannte ganze acht Tage, und darum feiern wir das Fest so lange. Unser Lehrer sagte noch, man solle die Meneure ins Fenster stellen, um die ganze Welt an das Wunder zu erinnern, doch Papa war dagegen. Er fürchtete, das würde nur die Antisemiten herausfordern. Damals wußte ich noch nicht, was er damit meinte, doch ein wenig später wurde es mir klar.

Schon als Kind wunderte ich mich über gewisse Ähnlichkeiten der jüdischen Feste mit den christlichen. Chanukka ist im wahrsten Sinne des Wortes ein leuchtendes Beispiel: Wir zünden Chanukkalichter, die Christen Weihnachtskerzen. Auch am Purim verkleiden sich sowohl Juden als auch Christen - natürlich aus verschiedenen Gründen. Ich fand das sehr komisch und wollte den Religionslehrer darüber befragen, wagte es aber zum Schluß doch nicht. Heute weiß ich, daß es dafür historische Erklärungen gibt. Wie bei den Christen zu Weihnachten, ist es auch bei uns Sitte, sich am Chanukka gegenseitig zu beschenken. Oft beneidete ich meine wohlhabenden Klassenkameraden, die mit ihren Geschenken groß angaben. Gewöhnlich besorgte Mama auch uns Kindern irgendeine Kleinigkeit oder kochte etwas, was Lia und ich besonders liebten.

Aber was uns am meisten Spaß machte, war das „Trendel"-Spiel nach dem Lichterzünden. Ein Trendel ist ein viereckiger Kreisel, dessen Seiten mit hebräischen Buchstaben bedruckt sind. Wie richtige Glücksspieler ging es auch bei uns um Geld. Der Einsatz war ein Groschen. Wenn nach dem Drehen das

Trendel so fiel, daß der hebräische Buchstabe "Nun" oben war, bekam man nichts, fiel es auf "Gimmel", gewann man das Ganze, bei "Heh" nur die Hälfte. Aber wer "Schin" drehte, der mußte seine Schuld - einen Groschen - in die Kasse einzahlen. Eines Abends lächelte mir das Glück - ich gewann zwanzig Groschen, für damals ein kleines Vermögen.

Kinder freuen sich immer, wenn es schneit. Nicht immer blieb der Schnee liegen - oft reichte er gerade für ein paar Schneebälle. Einmal brach in der Schule Scharlach aus. Das ganze Gebäude mußte desinfiziert werden, was uns zu einer schulfreien Woche verhalf. Da ich mittlerweile schon recht gut lesen konnte, las ich alles was mir unter die Augen kam: meine Schulbücher, Zeitungen, Reklame - egal, ob ich das Gelesene verstand oder nicht. Doch bereits in der zweiten Klasse fiel es mir schwer, das Geschriebene auf der Tafel entziffern zu können. Man brachte mich zum Augenarzt, der Kurzsichtigkeit konstatierte und mir eine Brille verschrieb. Zu meinem Leidwesen mußte ich sie ständig tragen und wurde deswegen in der Schule oft gehänselt. Von Zeit zu Zeit fiel sie zu Boden und zerbrach - damals gab es noch keine Kunststoffgläser. Mama war dann immer böse, denn Reparaturen waren teuer.

Ende Februar, Anfang März kam Purim - ein freudiges Fest. Sein Ursprung ist in der "Megille" (Megilat Ester), der Geschichte von der wunderbaren Rettung der persischen Juden vor dem Bösewicht Haman durch die schöne Königin Esther aufgezeichnet. Purim fällt nicht nur ungefähr in derselben Zeit wie Fasching, die Kinder verkleiden sich auch. Wir bemalten einander kunstvoll die Gesichter, ich setzte mir einen alten Hut von Mama auf, gab erschreckende Laute von mir. Mama buk dreieckiges Mohngebäck - sog. "Homentaschen" - die Lia und ich schrecklich gern hatten. An Purim war es Sitte, sich gegenseitig Backwaren - "Schlachmones" - zu schicken. Einen Stock tiefer wohnte noch eine religiöse jüdische Familie. Stolz überbrachte ich einen Teller mit Mamas Gebäck und erhielt dafür einen mit dem ihrigen. Das Gebäck von Mama war besser - beschlossen Lia und ich einstimmig.

Von Natur aus lebhaft suchte ich immer nach neuer Beschäftigung. Als einfacher Handelsvertreter verdiente Papa jetzt kaum genug für unseren Lebensunterhalt - von Spielzeug ganz zu schweigen. Obwohl ich nun schon fließend lesen konnte und auch genug altes Spielzeug besaß, klagte ich ständig über Langeweile. Papa hatte genug eigene Sorgen, und wenn ihm mein Geplärre zu bunt wurde, riet er mir verärgert, ich solle doch meine Haare zählen. Aber eines Tages brachte Papa eine Zeitung nach Hause, die *Neue Freie Presse,* die soeben ein Jugend-Preisausschreiben veranstaltete. Er schlug vor, ich solle mich daran beteiligen, etwas schreiben, vielleicht eine kleine Zeichnung machen - ich könnte dabei einen wertvollen Preis gewinnen.

Sicher wollte er bloß ein wenig Ruhe haben, ich aber nahm die Sache ernst und ging sofort an die Arbeit. Ich verfaßte ein kurzes Gedicht über die Wohnungsnot in Wien, zeichnete dazu eine kleine Illustration. Papa las kaum was ich geschrieben hatte, steckte mein Kunstwerk in einen Umschlag, schrieb die Adresse, klebte eine Briefmarke darauf, und gemeinsam warfen wir meine Post in den Briefkasten am Radetzkyplatz. Nach ein paar Tagen hatte ich das Preisausschreiben wieder vergessen.

Ein paar Monate später begannen die Ferien. Wie gewohnt fuhren wir nach Lackenbach. An einem der langen sommerlichen Schabbes-Nachmittage - nach dem Mittagsschläfchen - saß Großpapa beim Fenster und las wie gewohnt die *Neue Freie Presse,* Mama erzählte uns gerade eine Geschichte. Plötzlich hielt Großpapa beim Lesen inne, putzte umständlich seinen Zwicker und las dann laut: "Alfred Glück, Wien." Erstaunt fragte er Mama: "Hat unser Fredele etwas in der Zeitung geschrieben?" Mich fragend ansschauend schüttelte Mama verneinend den Kopf. Da erinnerte ich mich plötzlich an das Preisausschreiben vor ein paar Monaten und rief aufgeregt: "Ja, ja, sicher - ich hab ein Gedicht geschrieben!"

Alle stürzten sich auf die Zeitung. Schwarz auf weiß stand da mein Gedicht, genau wie ich es geschrieben hatte - einschließlich aller Rechtschreibfehler. Eine bekannte Pädagogin - Marie Ebner-Eschenbach - hatte dazu geschrieben, ich habe als typisches Wiener Nachkriegskind in dem kleinen Gedicht ausgedrückt, was alle empfinden, und so weiter... Das ganze Haus geriet in gewaltige Aufregung, man küßte mich, zwickte mich in die Backen. Plötzlich war ich zum Mittelpunkt geworden, alles drehte sich um mich.

Das Gerücht verbreitete sich wie ein Lauffeuer - am nächsten Morgen wußte es bereits das ganze Dorf. Mama war natürlich stolz auf ihr Wunderkind, sie wollte sogar Papa nach Wien telegraphieren, fürchtete jedoch, ihn damit zu erschrecken und schrieb statt dessen einen Brief. Ein paar Tage lang lief ich aufgeblasen wie ein Hahn herum, ließ mich gebührend bewundern. Aber bereits nach kurzer Zeit hatte sich die Aufregung gelegt, mein schriftstellerischer Triumph wurde kaum noch erwähnt.

Vor Schulbeginn kehrten wir nach Wien zurück. Ich besuchte jetzt die dritte Klasse, fühlte mich auch dementsprechend erwachsen, obwohl mich Papa noch immer täglich zur Schule begleitete. Doch eines schönen Tages brachte der Briefträger einen an "Herrn Alfred Glück" adressierten Umschlag. Er kam von der *Neuen Freien Presse* und enthielt eine elegant gedruckte Einladung zu einer Jause, mit anschließender Preisverteilung im Kaufhaus Herzmansky auf der Mariahilfer-Straße. Die Freude war groß, Papa und Mama waren außer sich vor Stolz. Aber bald erwies sich, daß die Sache einen gewaltigen Haken hatte: Besagte Jause fand nämlich an einem Samstag statt, an dem frommen Juden das Fahren verboten ist. Die Mariahilfer-Straße war aber zu Fuß viel zu weit - also kam meine Teilnahme bei der Jause nicht in Frage. Tief enttäuscht fügte ich mich in mein Schicksal.

Wir hatten jedoch die Rechnung ohne den Wirt gemacht - in diesem Fall ohne Frau Schorr. Sie war schon von Natur aus sehr temperamentvoll, aber als sie die Geschichte mit der Jause und der Preisverteilung bei Herzmansky hörte, explodierte sie im wahrsten Sinn des Wortes. Sie schwor bei der heiligen Mutter Gottes, daß sie mich höchstpersönlich zu Herzmansky nehmen werde, im Notfall sogar auf den Armen. Sie duldete keinen Widerspruch. Notgedrungen mußten sich Mama und Papa fügen. Ich war natürlich überglücklich.

Am schicksalhaften Samstag, gleich nach dem Mittagessen, wusch mir Mama Gesicht und Hände, kleidete mich in meinen frisch gebügelten Matrosenanzug und küßte mich zum Abschied. Frau Schorr erschien, ebenfalls fein herausgeputzt und mit einem feschen Hut auf dem Kopf. Sie nahm mich bei der Hand, und wir zogen los. Glücklicherweise regnete es nicht. Wir gingen und gingen, ruhten uns ab und zu kurz auf einer Parkbank aus, gingen wieder weiter - der Weg wollte kein Ende nehmen. Endlich, eine Viertelstunde vor Beginn der Feier, erreichten wir unser Ziel - erschöpft, aber stolz auf unsere Leistung. Der Saal füllte sich mit Eltern und ihren Kindern, alle älter als ich. Zuerst erquickte man sich an heißer Schokolade mit Schlagobers, feiner Torte und knusprigen Kipferln. Alle hielten Frau Schorr für meine Mutter - sie bemühte sich nicht besonders, es zu leugnen.

Jemand hielt eine kurze Rede, und dann wurden die Preisträger hintereinander auf die Bühne gerufen. Als man meinen Namen ausrief, bekam ich schreckliches Herzklopfen. Auf dem Podium drückten ein älterer Herr und eine elegante Dame meine Hand, gratulierten und überreichten mir ein dickes Buch sowie eine lange Rolle. Ich verbeugte mich höflich, bedankte mich und stieg wieder von der Bühne. Der ganze Saal klatschte wie verrückt. Frau Schorr liefen nur so die Tränen über die Wangen, sie zerquetschte mich fast, überschüttete mich mit Küssen. Jemand photographierte, man beglückwünschte uns. Eine Zeitlang war ich wie betäubt - vielleicht träumte ich bloß?

Als wir Herzmansky verließen, war es draußen bereits dunkel. Das hieß, daß der Schabbat zu Ende war und wir nun mit der Straßenbahn nach Hause fahren konnten. Papa und Mama warteten bereits am Haustor. Sie bewunderten meinen Preis, eine wunderschön illustrierte Ausgabe von *Robinson Crusoe*. Doch am meisten beeindruckte die prachtvolle, mit mehreren Unterschriften und einem großen roten Siegel versehene Ehrenurkunde. Mama war ungemein stolz darauf. Sorgfältig bewahrte sie diese ganz oben im Wäscheschrank auf - für meine zukünftige Braut, erklärte sie mir. Mein Ruhm drang sogar bis in die Schule. Dr. Pollak, der Direktor, kam in die Klasse, um mir persönlich zu gratulieren. Ich war ziemlich verlegen, aber der Lehrer und meine nahen Freunde waren stolz auf mich - der Rest der Klasse zerplatzte vor Neid.

Zwanzig Jahre später, bei meiner Hochzeit in Israel, gedachte ich mit Wehmut meiner seligen Mutter. Sie, mein Vater und meine Schwester kamen im Holocaust um. Auch unsere Ehre sowie meine Urkunde fielen ihm zum Opfer.

Der Papagei

Wie schon erwähnt, stammte Großmama aus Egerszeg in Ungarn. Als sie und Großpapa heirateten - ungefähr 1890 - gehörte das Burgenland noch zu Ungarn, war also ein Teil der großen Österreichisch-Ungarischen Monarchie. Großmamas Vater, Rabbiner Engelsmann von Egerszeg, war ein sehr frommer Mann, aber seiner Zeit anscheinend weit voraus. Er ließ nämlich seine drei Söhne an den Universitäten von Budapest und Wien studieren. Das gilt bis heute bei frommen Juden als außerordentlich gewagt. Ich meine hier nicht den Antisemitismus - den gab und gibt es ja immer -, sondern die weltlichen Versuchungen, denen ein frommer Student in einer solchen Lehranstalt ständig ausgesetzt ist. Das Resultat war gewöhnlich der Verlust der Frömmigkeit - in gewissen, extremen Fällen sogar die Taufe. Wie verzweifelt müssen jene frischgetauften Katholiken gewesen sein, da sie dann unter Hitler zum Spott auch noch den Schaden hatten - als sie erbarmungslos zusammen mit den ungetauften Juden in die Vernichtungslager deportiert wurden.

Die drei Brüder Großmamas büßten zwar ihre Frömmigkeit ein, machten jedoch Karriere unter Kaiser Franz Joseph: Dr. Gabor Engelsmann ließ sich in Wien nieder, wurde Staatsbeamter, erhielt bei seiner Pensionierung den Titel Hofrat. Dr. Samuel Engelsmann war Militär- und Krankenkassenarzt in Wien, bekam bei seiner Pensionierung den Titel Medizinalrat. Dr. Isidor Engelsmann wirkte in Budapest als Gymnasial-Professor und brachte es zum Studienrat. Ungeachtet ihrer Loyalität und langjähriger Verdienste für das Vaterland, kamen alle drei im Holocaust um.

Im Gegensatz zu ihren gelehrten Brüdern war Hedwig, meine Großmama, von tiefer Frömmigkeit erfüllt. Sie betete morgens und abends, und ungeachtet ihrer mangelhaften Gesundheit, fastete sie auch noch halbtags jeden Montag und Donnerstag. Sie tat Gutes, wo sie nur konnte - kein Wunder, daß auch die bettelnden Zigeuner Großmama vergötterten. Sogar die Katzen folgten ihr auf Schritt und Tritt - wenn auch deren Liebe vielleicht noch weniger selbstlos war. Immer wenn wir Kinder etwas ausgefressen hatten, nahm sie uns bereitwillig in Schutz. Ein Verhältnis wie das zwischen Großmama und Großpapa, gibt es heute nur noch in Märchenbüchern.

Eines schönen Sommertags - ich konnte so gegen 11 oder 12 gewesen sein - geriet das ganze Haus in große Aufregung. Es dauerte eine Weile, bis ich den Grund erfuhr, und zwar von Mama: Onkel Isidor und Tante Janka wollen aus Budapest zum Urlaub nach Lackenbach kommen. Sogleich wurde am Oberstock fieberhaft zu arbeiten begonnen - Tante Irenke richtete für ihre Eltern ein Gästezimmer ein. Die Wände wurden gekalkt, neue Betten aufgestellt, die Tep-

ferri

piche ausgeklopft, freundliche Vorhänge aufgehängt. Alles wurde getan, um es den verwöhnten Gästen aus der Großstadt in diesem abgelegenen Dorf so gemütlich wie möglich zu machen. Tante Manci kam ein paarmal aus Weingraben, um ihrer Schwester bei den Vorbereitungen zu helfen. Nicht die kleinste Einzelheit durfte vergessen werden.

Auch Großmama bereitete sich natürlich vor, um Bruder und Schwägerin gebührend empfangen zu können. Es wurde gebacken und gekocht, geputzt und geschrubbt, wie vor einem Feiertag. Ich fühlte mich wieder ganz in meinem Element. Denn wie immer, wenn im Haus etwas Wichtiges los war, wenn alle beschäftigt waren, genoß ich mehr Freiheit, sogar kleinere Untaten blieben manchmal ungestraft.

Und dann war es so weit. Eines Tages überbrachte der Briefträger mit gebührender Wichtigtuerei ein Telegramm aus Budapest - in Lackenbach keine alltägliche Angelegenheit. Für diese Mühe wurde er mit einem Stamperl Sliwowitz belohnt. Die Gäste kündeten ihre Ankunft für den kommenden Tag an, 17 Uhr 30. Vor kurzem erst hatte ich gelernt, daß, was bei gewöhnlichen Sterblichen 1/2 6 ist, in der offiziellen Amtssprache "Siebzehn Uhr dreißig" heißt. Nun begann eine Diskussion, wer die wichtigen Gäste in Empfang nehmen würde. Tante Irenke und Onkel Gabor hatten auf jeden Fall beim Bahnhof zu sein, Großmama zog es vor, ihren Bruder und dessen Gattin im Haus willkommen zu heißen. Nach kurzer Überlegung schied auch Mitzi aus, denn der Kutscher genüge vollauf zum Verladen des Gepäcks. Außerdem war im Fiaker nur Platz für vier, höchstens fünf. Meine Bitte, auch mitkommen zu dürfen, wurde natürlich einstimmig abgelehnt.

Am nächsten Nachmittag zeigte sich sogar das Wetter von seiner schönsten Seite. Lia und ich warteten an der Ecke, wo man in die Berggasse einbiegt. Nach einer Ewigkeit - so schien es uns - kam endlich der Fiaker in Sicht. Aufgeregt lief ich voraus und schrie: "Sie kommen, sie kommen!" Alles strömte zum Tor, Tante Theres mit einem großen Blumenstrauß in der Hand. Das Gespann hielt an, Onkel Gabor und Tante Irenke stiegen zuerst aus, um den Eltern herunterzuhelfen. Mit offenem Mund starrte ich auf die beiden Gäste. Ich hatte sie mir ganz anders vorgestellt, viel älter - ungefähr wie die Großeltern -, doch siehe da, Tante Jankas jugendliches Gesicht bedeckte ein breitrandiger Strohhut, unter dem ein paar graue Locken hervorguckten. Sie trug ein elegantes, graubraunes Reisekostüm. Aber am meisten erstaunte mich ihre Beweglichkeit; sie hüpfte nämlich fast wie ein junges Mädchen vom Wagen, umarmte Großmama, ließ sich von Großpapa die Hand küssen. Nachdem sich alle begrüßt hatten, erhielt auch ich einen Kuß von ihr. Sie duftete gut - fast wie Tante Manci. Auch Onkel Isidor war ganz anders gekleidet als die hiesigen Männer. Er trug einen hellen Anzug, dazu eine gelbe Strohmütze, ein kleiner, graumelierter Schnurrbart zierte sein rundliches Gesicht, auf seiner Nase saß eine goldgerahmte Brille. Auch von ihm erhielt ich einen Kuß, doch der roch nach Tabak. Während der langen Begrüßung hatten der Kutscher und Mitzi mehrere Koffer und ein paar runde Hutschachteln abgeladen, aber außerdem noch - ich traute meinen Augen kaum - einen großen Käfig. Ein weißes Tuch bedeckte ihn, so daß man nicht sehen konnte, was darin war. Als ich Tante Irenke danach fragte, lachte sie bloß: "Das ist unser Ferri!" Jetzt wußte ich soviel wie vorher.

Man wusch sich die Hände und setzte sich zum festlich gedeckten Tisch. Großmama schenkte Kaffee ein, es gab einen großen Gugelhupf und eine Torte, Obst, frisches Gebäck, eine Flasche Sliwowitz. Alle redeten gleichzeitig, man konnte kein Wort verstehen - ich ganz besonders nicht, denn es wurde hauptsächlich ungarisch gesprochen. Während der angeregten Unterhaltung schlich ich mich unbemerkt aus dem Raum, stieg die Treppen zum Oberstock hinauf, wo ich bald fand, was ich suchte. Vor der Tür zu Onkel Gabors Wohnung stand nämlich noch das gesamte Gepäck - auch der bedeckte Käfig. Mit Herzklopfen näherte ich mich ihm, hob das Tuch ein wenig und erblickte einen Papagei. Anscheinend schlief er, denn er hielt den Kopf unter dem Flügel. So, nun wußte ich es - der geheimnisvolle Gast war ein grüner Papagei. Meine Neugier befriedigt, gesellte ich mich eiligst wieder zur Gesellschaft.

Inzwischen waren auch Tante Manci und Onkel Gyula aus Weingraben eingetroffen. Der Rummel wurde entsprechend größer, man hörte kaum noch sein eigenes Wort. Es wurde heute spät, bevor Mama dazu kam, Lia und mich zu Bett zu bringen. Vor Aufregung konnte ich lange nicht einschlafen. Ich ahnte, daß uns drei hochinteressante Wochen bevorstanden - solange beabsichtigten die Gäste nämlich zu bleiben. Als ich dann doch einschlief, träumte ich von einem grünen Papagei.

Am nächsten Vormittag - die Gäste hatten spät und lange gefrühstückt - kamen sie in Tante Irenkes Begleitung herunter. Sie hatten jedem ein Geschenk mitgebracht, sogar der Mitzi, was mich sehr beeindruckte. Ich bekam einen Gucker; wenn man ihn drehte, sah man symmetrische, sich ständig ändernde Muster aus buntem Glas. Das gefiel mir sehr gut, ich dankte Tante Janka auf ungarisch - soviel hatte ich schon gelernt - und gab ihr einen schallenden Kuß. Jetzt zeigte sich erst, daß sie ganz gut deutsch sprach. Schließlich war ja Onkel Isidor Professor für Deutsch.

Jetzt konnte ich Tante Janka näher und in Ruhe zu betrachten. Sie sah Tante Irenke sehr ähnlich - d.h. umgekehrt - Tante Irenke ähnelte ihr. Bloß das graue Haar deutete darauf hin, daß sie die Mutter war und nicht eine ältere Schwester. Sie trug keine Perücke, wie die anderen Frauen in unserer Familie. Kein Wunder also, daß auch ihre Töchter keine trugen. Onkel Bennö hatte mir erklärt, die jüdische Religion verbiete es verheirateten Frauen, ihr eigenes Haar zu zeigen, das Tragen einer Perücke mit den Haaren einer fremden Frau sei jedoch erlaubt. Nun verstand ich, warum fromme Frauen ihre braunen oder blonden Scheitel bis ins hohe Alter trugen, während die nicht frommen notgedrungen mit ihren eigenen grauen Haaren herumliefen -, denn Haarfärben war damals noch nicht so populär wie heute.

Tante Jankas Haut war fast faltenlos, beinahe wie die von Mitzi. Sie zeigte auch recht viel davon, denn ihr ziemlich ausgeschnittenes Kleid entblößte ihren Hals fast bis zum Busen - nur eine doppelte Perlenkette verstellte ein wenig die Aussicht. Als scharfer Beobachter entging mir nicht, daß Onkel Bennö es möglichst vermied, sie voll anzublicken. Auch ihr Rock war einige Zentimeter kürzer als die Lackenbacher Norm. Seidenstrümpfe und elegante Schuhe mit halbhohen Absätzen vervollständigten das Bild. Ich war zutiefst beeindruckt.

Aber schon nach kurzer Zeit fühlte ich mich noch mehr zu Onkel Isidor hingezogen. Seine präzise deutsche Aussprache, sein ständig lustiges Gesicht, die lebhaften Gesten, mit denen er seine Rede zu begleiten pflegte, bezauberten mich. Onkel Isidor spielte mit uns Schule. Er brachte uns ein wenig Ungarisch bei, ein wenig Rechnen, ließ uns Rätsel raten - der sonst endlose Vormittag verging im Nu, denn bei ihm machte das Lernen richtig Spaß. Wir waren jetzt zu fünft, weil außer Wilma und Gina nun täglich auch Gabi Leitner zu uns kam - ein gleichaltriges Mädchen aus Wien, das hier den Urlaub verbrachte und in das ich mich schnurstracks verliebte.

Und jetzt zu dem für uns Kinder interessantesten Gast - zu Ferri. Er wurde in der Sükke untergebracht - im kleinen Gartenhäuschen, das am Laubhüttenfest als Laubhütte diente. Dort sollte er während des ganzen Urlaubs wohnen. Ferri war sehr gebildet - er konnte reden und noch dazu auf ungarisch. Wenn man zu ihm sagte: "Hallo, Ferri!", antwortete er sofort mit "Jo napot!" - Guten Tag. Er hing sehr an Tante Janka, die ihn fütterte. Abends gab sie ihm einen Gutenachtkuß, bevor sie seinen Käfig zudeckte. Außerdem konnte Ferri singen - aber nur, wenn er guter Laune war.

Gabi hatte ein paar Freundinnen darüber erzählt, und schon am nächsten Tag kamen welche und baten, Ferri sehen zu dürfen. Das brachte mich auf eine glänzende Idee: Könnten wir nicht aus unserer Sükke einen kleinen Zirkus machen und den anderen Kindern gegen ein kleines Entgelt unseren Ferri vorführen? Nach einer längeren Diskussion mit den Mädchen einigten wir uns auf einen Eintrittspreis von 2 Groschen - der Preis eines Zuckerls bei Austerlitz.

Gleich am nächsten Tag erzählten wir einigen Kindern im Dorf von diesem achten Weltwunder in unserem Garten. Die Nachricht verbreitete sich wie ein Lauffeuer. Am frühen Nachmittag warteten bereits mehrere Kinder vor dem Haustor - derartige Attraktionen waren in Lackenbach nichts Alltägliches. Bevor ich das Tor öffnete, fragte ich vorsichtshalber, ob jeder seine 2 Groschen bereit habe. Einige mußten erst wieder nach Hause, um das Geld zu holen, jemand hatte nur einen Groschen, ein kleines Mädchen begann zu weinen, ihre Mama habe kein Geld - ich hatte Mitleid mit ihr und ließ sie gratis ein. Alles in allem, nahm ich an diesem Nachmittag ganze zweiundzwanzig Groschen ein - für unsere damaligen Begriffe ein kleines Vermögen. Großzügig gab ich jedem Mädchen 2 Groschen. Mir blieben danach noch 14. Wenn es so weitergeht - ließ ich meiner Phantasie freien Lauf - werde ich mir ein Auto kaufen wie Onkel Gyula.

Am nächsten Nachmittag kamen noch mehr Kinder, diesmal auch größere. Sie machten einen derartigen Radau, daß Mama herauskam - sie hatte gerade Kopfweh. Dummerweise hatte ihr Lia von unserem Geschäft erzählt. Zuerst hatte sie nur gelacht, aber jetzt wurde es ihr zu bunt. Sie schickte die fremden Kinder nach Hause, mit der nachdrücklichen Bitte, sich hier nicht wieder sehen zu lassen. Damit endete meine kurze Karriere als Zirkusdirektor.

Dank der lieben Gäste wurde dieser Sommer zu einem unserer schönsten in Lackenbach. Täglich begleiteten wir sie auf ihren Spaziergängen im Dorf, einmal fuhren wir sogar mit ihnen im Fiaker nach Kobersdorf. Tante Manci kam jetzt viel häufiger, es gab immer besonders gutes Essen. Tante Irenke spielte öfter Klavier; sie begleitete ihre Mutter, die auch wunderschön sang. Lia und ich lernten ein wenig ungarisch - leider habe ich fast alles wieder vergessen. Onkel Isidor kaufte uns oft Schokolade. Das ganze Dorf beneidete uns um die vornehmen Verwandten. Doch wie alles Schöne im Leben, ging auch diese Zeit viel zu schnell vorbei. Eines Tages hieß es Abschied nehmen, der Fiaker brachte die Gäste wieder zum Bahnhof, zum Zug nach Sopron und Budapest. Kurz darauf kehrten auch wir nach Wien zurück.

An diesem Sommer hatte ich aber noch ein seltsames Erlebnis: Oben am Berg, ein Stück nach der Kirche, befand sich ein Zigeunerlager. Die Männer verrichteten im Dorf verschiedene Gelegenheitsarbeiten, sie musizierten bei Hochzeiten, bettelten auch gelegentlich an den Häusern. Alle paar Wochen kam ein älterer Zigeuner auf einen Tag zu uns zum Holzhacken. Wenn ich als kleines Kind etwas angestellt hatte, drohte man mir, mich den Zigeunern zu geben. Seither hatte ich eine Heidenangst vor ihnen.

Von Zeit zu Zeit erschien bei uns eine junge Zigeunerin mit einem kleinen Kind am Arm. Da niemand wußte, wie sie wirklich hieß, gab ihr Onkel Gabor den Namen Carmen. Erst später lernte ich, daß dies eine Figur aus der gleichnamigen Oper von Bizet war. Unsere Carmen trug ein altes schwarzes Kleid, dazu ein dunkelrotes Kopftuch. Ihr Kind war in Fetzen gehüllt, meistens schlief es. Ihr Gesicht war von der Sonne gegerbt, auf der linken Wange prangte eine dunkelrote Narbe, an ihren Ohren baumelten silberne Ohrgehänge. Von ihrer Schulter hing ein großer Leinenbeutel. Sie war barfuß.

Ihr Anblick erregte in mir eine Mischung von Furcht und Mitleid. Großmama - die gute Seele - gab ihr immer etwas zu essen und zu trinken. Einmal bemerkte ich, wie sie Großmamas Hand küßte. Wenn ich sie kommen sah, holte ich mir aus der Küche ein Stück Brot; wenn sie dann beim Hinausgehen das Tor passierte, gab ich es ihr. Sie steckte es in ihren Beutel und nickte mir zu. Manchmal meinte ich sogar, auf ihren rissigen Lippen ein Lächeln wahrnehmen zu können.

Doch einmal - ich hatte gerade im Schulhof gespielt - begann es plötzlich zu regnen. Ich eilte nach Hause, öffnete schnell das Tor und wollte ins Haus laufen, als ich ganz unerwartet Carmen sah. Sie saß auf der Treppe zum Geschäft, an ihrer entblößten Brust saugte das Kind. Erschrocken sah sie mich mit ihren schwarzen Augen an, doch instinktiv machte ich eine beruhigende Bewegung mit der Hand. Sie blieb sitzen und stillte weiter. Ihre nackte Brust ließ mein Herz höher klopfen, doch dann fürchtete ich, Großpapa oder Onkel Bennö könnten herauskommen und Carmen beim Stillen stören. Schnell eilte ich an ihr vorbei ins Geschäft und begann dort irgendeine spannende Geschichte zu erzählen. Nach fünf Minuten ging mir der Stoff aus, doch mittlerweile sollte ja Carmen mit dem Stillen fertig sein - wie lange trinkt schon ein Kind? Vorsichtig öffnete ich die Tür und schaute hinaus - richtig, Carmen und das Kind waren verschwunden. Tief erleichtert atmete ich auf.

Nachts träumte ich von Carmens entblößter Brust, von Mitzis weißen Armen, von Gabi Leitners Lockenkopf. Meine Kindheit näherte sich ihrem Ende - bald sollte aus dem kleinen Buben ein junger Mann werden.

Der Schammes

Ein Lichtlein hat mit seiner Flamme
alle Kerzen angebrannt.
Und dafür das arme Lichtlein
wird "Der Diener" nur genannt,
muß sich brav zur Seite stellen
in der andren frohen Schein.
Leuchten darf es und erhellen,
stehen muß es ganz allein.
Also meinem armen Volke
wie es diesem Lichtlein geht,
denn in dieser kleinen Flamme
Israels Geschichte steht:
Erhellt hat es den Geist der Völker
mit der Gottesflamme rein.
Muß darum mein armes Volk nur
Diener jener Völker sein?

Autor unbekannt, Wien 1934

Nachwort

Zwei Generationen später. Das jüdische Burgenland ist heute bereits Vergangenheit, Geschichte - bald wird es ganz vergessen sein, wie es hier manche wünschen. Ein paar Friedhöfe werden noch eine Weile daran erinnern, dann wird sie das Unkraut überwachsen. Und wer sucht schon einen alten Friedhof auf - insbesondere wenn die Nachkommen der Begrabenen in der ganzen Welt verstreut sind, oft auch nicht mehr unter den Lebenden weilen.

Im November 1995 besuche ich wieder Lackenbach - zum ersten Mal nach fast sechzigjähriger Abwesenheit. Die Reise im modernen, bequemen Zug dauert heute nur zwei Stunden. Draußen schneit es. Das eisig kalte Wetter läßt keine warmen Gefühle aufkommen. Ich bitte den Schaffner, mir zu sagen, wenn ich aussteigen muß. "Gornet notwendig, Lackenbach is jo die Endstation," beruhigt er mich. Wir kommen an. Das Stationshaus ist noch dasselbe, die Straße ins Dorf jetzt asphaltiert. Man nimmt mich zuerst zum jüdischen Friedhof. Der Sturm rüttelt am eisernen Tor, die grauen Grabsteine erheben sich wie anklagende Finger zum dunklen Himmel. Ich fotografiere die verwitterten, kaum noch lesbaren Inschriften auf den Grabsteinen meiner Ahnen. Das hohe Unkraut beugt und schüttelt sich im Wind, wie Betende am Versöhnungs-tag. Nur gibt es hier keine Versöhnung. Wer Vergebung gewähren könnte, ist nicht mehr am Leben. Außer mir - und ich kann und darf es nicht.

Das Straßennetz im Dorf hat sich kaum verändert. Die Straßen sind jetzt asphaltiert, von Gehsteigen gesäumt. Aus dem einstweilig offenen Graben in der Berggasse wurde ein Grünstreifen. Viele Häuser sind neu, größer, aber irgendwie abweisend - nicht so vertraut wie die alten, kleinen von damals. Das stattliche Haus meiner Großeltern steht noch wie einst - es wurde bloß renoviert. Die Fenster sind neu, das große, vertraute Tor aus Eichenholz ist jetzt weiß gestrichen. Zögernd öffne ich es, blicke in den Hof. Der alte Nußbaum ist jetzt kahl - er steht aber noch am selben Platz, wo ihn mein Urgroßvater gepflanzt hat. Nur anstelle des Ledergeschäfts meines Großvaters befindet sich jetzt eine Eis-Diele. Vor dem Haus, dem Gehsteig entlang, parken ein paar Autos.

Schräg gegenüber war einst der Schulhof, in dem ich so gerne gespielt hatte. Ist er das noch? Wie zusammengeschrumpft er heute aussieht. Überhaupt erscheint mir alles kleiner, nur die Gebäude sind höher geworden. Wo einst die Synagoge stand, erheben sich jetzt Häuser. Eine kleine Steintafel - man muß sie erst im wuchernden Unkraut suchen - besagt, daß diese Synagoge während der nationalsozialistischen Gewaltherrschaft von den "Nazi-Barbaren" zerstört wurde. Man könnte glauben, diese Barbaren kamen vom

Mars! Und um ja nicht den Verdacht aufkommen zu lassen, die Tafel sei eine lokale Initiative, steht darauf mit großen Buchstaben: "Israelitische Kultusgemeinde Wien"

Es hat wieder zu schneien begonnen. In den Gassen keine lebende Seele, das ehemalige jüdische Viertel Lackenbachs liegt verlassen da - wie ausgestorben? Ganz richtig - ausgestorben! Vielleicht hätte ich lieber im Sommer kommen sollen? Nein - so ist es besser, die Kälte entspricht eher meinen Gefühlen, ich will keine warmen aufkommen lassen.

Es dunkelt, ich bin wieder am Bahnhof, der Zug wartet schon. Anscheinend bin ich der einzige Fahrgast. Ich steige ein, drinnen ist es angenehm warm. Hier kann ich jetzt in Muße nachdenken, über die Vergangenheit, meine Kindheit, unsere Familie. Was wäre gewesen - spekuliere ich - wenn es keinen Hitler, keinen Holocaust gegeben hätte? Wie würde Lackenbach heute aussehen? Wäre die jüdische Jugend hiergeblieben? Ich weiß es nicht - niemand weiß es. Bereits vor dem ersten Weltkrieg zogen viele weg, suchten ihr Glück in der weiten Welt. Schon zu meiner Zeit war die Synagoge nicht einmal an den Feiertagen ganz voll.

Richtig - auch die Zigeuner wurden deportiert und vernichtet; die Überlebenden kehrten zurück. Sie werden weiter verachtet - gelegentlich sogar ermordet. *Sie* haben keine andere Heimat, kein eigenes Land - wir haben heute Israel. Die Wärme und das Schütteln des Zuges wiegen mich langsam in einen leichten Schlaf, zurück in die ferne, glückliche Kindheit.

Der Zug hält an. Erschrocken fahre ich hoch, spähe hinaus in die Dunkelheit. Wir sind in Sauerbrunn. Gleich werde ich Burgenland, meine Vergangenheit, ein zweites Mal verlassen haben. Und in ein paar Tagen bin ich wieder zu Hause - im warmen Israel, in der Gegenwart, in der Zukunft. Adieu Kindheit! Adieu Lackenbach! Adieu Vergangenheit!

Israel Alfred Glück

Alfred Glück wurde 1921 in Wien geboren, wo er aufwuchs und die Schule besuchte. Nach dem Anschluß im Jahre 1938 trat er einer zionistischen Jugendbewegung bei, die ihn zum Landwirt umschulte. 1939 emigrierte er nach Dänemark. Hier verdingte er sich als Knecht auf verschiedenen Bauernhöfen. Nach der Besetzung Dänemarks schloß er sich einer Gruppe an, die versuchen wollte, illegal nach Palästina zu gelangen. Anfang 1943 traten er und ein Freund, in einem Güterwaggon versteckt, die lange Reise an. Sie wurden jedoch von den Deutschen verhaftet und nach Auschwitz deportiert. Dank seiner zeichnerischen Begabung überlebte Glück das KZ. Nach einem halbjährigen Aufenthalt in Hamburg gelangte er 1946 mit Hilfe der Jüdischen Brigade - einer Einheit der britischen Armee - endlich nach Israel. Hier beteiligte er sich am Unabhängigkeitskrieg 1948, heiratete und ließ sich in Herzlija nieder. Er studierte industrielle Formgebung und übt diesen Beruf bis heute aus. Seine Hobbys sind seine Arbeit, Malen und Schreiben.

Dr. Dr. h.c. Erhard Roy Wiehn, M.A.

Professor für Soziologie an der Universität Konstanz, jüngere Schriften vor allem zur Schoáh und Judaica.

Israel A. Glück

Der neue Weg

Wien Dänemark Auschwitz

In Kommission bei

BÖHLAU VERLAG WIEN · KÖLN · WEIMAR

Edition Schoáh & Judaica/Jewish Studies – seit/since 1984
von/by Prof. (em.) Erhard Roy Wiehn, Universität Konstanz
Hartung-Gorre Verlag/Publishers, Konstanz, Germany

2023

1) Erhard Roy Wiehn (Hg.), Jüdinnen und Juden in Sibirien – Ein fast vergessenes Verbrechen.
Konstanz 2023, 102 Seiten. ISBN 978-3-86628-782-2

2) Erhard Roy Wiehn (Hg.), Jüdinnen und Juden in Transnistrien – Ein fast vergessenes Verbrechen.
Konstanz 2023; 100 Seiten. ISBN 978-3-86628-783-9

3) Erhard Roy Wiehn (Hg.), Erinnerungsarbeit für die Zukunft – Frühe bis jüngste Vorworte der Edition Schoah & Judaica
Konstanz 2023, 154 Seiten. ISBN 978-3-86628-785-3

4) Erhard Roy Wiehn (Hg.), Jüdisches Leben im Dorf und Schtetl. – Rückblicke auf vernichtete Welten.
Konstanz 2023, 90 Seiten. ISBN 978-3-86628-775-4

5) Matthias Messmer, Überraschende Judaica in der Welt – Reiseberichte, Analysen, Rezensionen.
Konstanz 2023, 232 Seiten. ISBN 978-3-86628-787-7

6) Erhard Roy Wiehn (Hg.), Leiden in Berlin - Überleben in Schanghai. Edition Schoah & Judaica. Vierzehn Einführungen.
Konstanz 2023, 122 Seiten. ISBN 978-3-86628-749-5

7) Davis Murlakov, Nevertheless In the Image of God. The true survival story during the Holocaust and after.
Konstanz 2023. 174 pages. ISBN-978-3-86628-789-1

8) Erhard Roy Wiehn (Hg.), Verdichtungen, Gedichte, Verse, Reime in der Edition Schoah & Judaica. Sieben Einführungen.
Konstanz 2023. 71 Seiten. ISBN 978-3-86628-793-8

9) Erhard Roy Wiehn (Hg.), Eltern und Kinder im Holocaust. – Erinnerungen Überlebender im Zweiten Weltkrieg.
Konstanz. 2023, 315 Seiten. ISBN 978-5-86628-790-7

10) Marie-Elisabeth Rehn, Der Baron vom Konstanzer Hauptzoll – The Baron oft he Main Customs im Constance - Salomon Picard und seine Söhne – Salomon Picard and his sons 1885-1974,
Konstanz 2023. 97 Seiten, Fotos. ISBN 878-3-86628-794-5

11) Erhard Roy Wiehn (Hg.), Erinnert und gewarnt – Eine Zwischenbilanz 1992-2021, Konstanz 2023 116 Seiten. ISBN 978-3-86628-760-0

12) Erhard Roy Wiehn (H.), Ralf Dahrendorf Hommage – Zur neuen Ralf-Dahrendorf-Straße in der alten Stadt Konstanz. Erinnerungen.
Konstanz 2023, 112 Seiten. ISBN 978-3-86628-805-8.

2024

1) Erhard Roy Wiehn (Hg.), Gegen Vergessen III – Jahresarchiv 2023. Einführungen der Edition Schoáh & Judaica und Mails aus meinem Lebenskontext. **Konstanz. 2024**

2) Irene Gabriele Gill; Ein Flüchtlingsleben – Erfahrungen einer dem Holocaust Entkommenen. Konstanz 2024, 262 Seiten. ISBN 978-3-86628-806-5

3) Erhard Roy Wiehn (Hg.), Hommagen an Menschen und anderes. Konstanz 2024, 121 Seiten. ISBN 978-3-86628-795-2

4) Erhard Roy Wiehn (Hg.), Jüdischkeit im Holocaust – Erinnerungen. Konstanz 2024, 209 Seiten. ISBN 978-3-86628-813-3

5) Erhard Roy Wiehn (Hg.), Jüdische Kinder im Holocaust – Erinnerungen. Konstanz 2024, 223 Seiten. ISBN 978-3-86628-820-1

6) Christel Wollmann Fiedler, Judaica und Israelia – Biographisches, Dichtung. Feste, Interviews, Kunst, Reiseberichte, Rezensionen. **Konstanz 2024. 366 Seiten. ISBN 978-3-86628-817-1**

7) Erhard Roy Wiehn (Hg.), Jüdische Hoffnungen im Holocaust. Erinnerungen in der Edition Schoáh & Judaica. Konstanz 2024. 92 Seiten. ISBN 978-3-86628-822-5.

8) Erhard Roy Wiehn (Hg.), Pfadfinder in der deutschen Nachkriegszeit – Gesammelte Erinnerungen. Konstanz 2024. 146 Seiten. ISBN 978-3-86628-829-4

..9) Erhard Roy Wiehn (Hg.), Pfaff-Lehrlinge erinnern sich 1951-1955. Konstanz 2024. 134 Seiten, ISBN 978-3-86628-830-0

Erhard Roy Wiehn, Jahresarchiv 2024 - Neuste Einführungen zu unserer Edition Schoáh & Judaica sowie Miszellen aus meinem Lebenskontext.
I. Quartal 2025.

Erhard Roy Wiehn (Hg.), Gretel Baum Merom – Hommage an eine zionistische Pionierin 1913-2019. Konstanz (*unbestimmt*), 112 Seiten, Fotos.

Erhard Roy Wiehn (Hg.), Schlomo Marcus 1910-2014 – Hommage an einen hebräischen Humanisten. Konstanz (*unbestimmt*), 92 Seiten, Fotos.

**Zu beziehen bei/can be ordered from Verlagsbuchhandlung Hartung-Gorre
78465 Konstanz, Germany/ Allemagne – Telefon +49 (0)7533/97227
eMail: Hartung.Gorre@t-online.de & verlag@hartung-gorre.de
oder durch den Buchhandel/or at your book shop / ou à votre librairie
http://www.hartung-gorre.de**

Dazu separater Verlagskatalog der Schoáh & Judaica-Publikationen von Erhard Roy Wiehn.

www.ingramcontent.com/pod-product-compliance
Lightning Source LLC
La Vergne TN
LVHW021943220826
846092LV00010B/1213

* 9 7 8 3 8 9 6 4 9 3 7 0 5 *